江西省社会科学"十四五"（2021 年）基金项目，名称：构建高质量全民健身公共服务体系与应用对策研究，编号：21TY19。

2019 年度国家社会科学基金项目，名称：我国中部地区全民健身公共服务体系建设与整体性治理的研究，编号：19BTY092。

江西省哲学社会科学重点研究基地运动健康与产业发展研究中心成果。

构建高质量全民健身公共服务体系的应用对策研究

谢午阳◎著

吉林人民出版社

图书在版编目 (CIP) 数据

构建高质量全民健身公共服务体系的应用对策研究 /
谢午阳著 . -- 长春 : 吉林人民出版社 , 2023.10
ISBN 978-7-206-20534-7

Ⅰ . ①构… Ⅱ . ①谢… Ⅲ . ①全民健身 – 公共服务 –
体系建设 – 研究 – 中国 Ⅳ . ① G812.4

中国国家版本馆 CIP 数据核字 (2023) 第 222242 号

构建高质量全民健身公共服务体系的应用对策研究

GOUJIAN GAOZHILIANG QUANMIN JIANSHEN GONGGONG FUWU TIXI DE YINGYONG DUICE YANJIU

著　　者：谢午阳
责任编辑：田子佳　　　　　　　　封面设计：袁丽静
吉林人民出版社出版发行（长春市人民大街 7548 号）　邮政编码：130022
印　　刷：河北万卷印刷有限公司
开　　本：710mm×1000mm　　　1/16
印　　张：15.75　　　　　　　字　　数：210 千字
标准书号：ISBN 978-7-206-20534-7
版　　次：2023 年 11 月第 1 版　　印　　次：2024 年 1 月第 1 次印刷
定　　价：98.00 元

如发现印装质量问题，影响阅读，请与出版社联系调换。

前　言

随着现代社会的发展,人们对健身与健康的重视程度日益提高。健身不再仅仅是少数人的娱乐活动或专业人士的训练,而是成为广大民众追求健康、优质生活的一部分。如何构建一个高质量、全面的健身公共服务体系,让更多的人能够方便、有效地参与到健身活动中来,成为当下值得探讨的重要问题。

本书名为《构建高质量全民健身公共服务体系的应用对策研究》,是基于对这一问题的思考和探索而撰写的。本书试图从多个角度、多个层面去分析和研究公共健身服务体系,为决策者、行业从业者以及广大公众提供一个全面、深入的了解。

本书在开篇首先概述了健身与健康的关系,并试图揭示二者之间的内在联系。其次,本书对健身公共服务体系的概念进行了深入的探讨,希望为读者提供一个明确、科学的定义。接下来,本书分析了当代社会健身活动的发展趋向以及构建全民健身公共服务体系的时代背景,为后续章节的内容阐述打下坚实的基础。

在后续的章节中,本书从构建健身公共服务体系的意义与价值、理论基础与依据、运行机制、公共健身服务设施的基本类型与构建路径等多个方面进行了深入研究。本书不仅深入探讨了公共健身服务体系的构建与运行,还分析了如何拓宽全民健身公共服务体系的路径,如何构建全民健身的良好社会风气，如何提升体育健身相关服务人员的专业水平，如何策划和组织健身公共服务活动，以及如何利用现代信息技术推动高质量健身公共服务体系的构建与应用等。当然更重要的方面在于，本书对构建高质量全民健身公共服务体系所面临的挑战与机遇进行了深入分析，希望为相关决策和实践提供有价值的参考。

　　健身公共服务体系关乎每一个人的身体健康和生活质量，更关乎整个社会的和谐发展和人民的幸福生活。笔者希望本书能够为构建高质量全民健身公共服务体系提供有力的理论支持和实践建议。

目 录

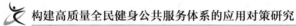

第一章　概述

第一节　健身与健康

一、健身

"一直以来，世界各国对健身这一活动过程的称谓及其内涵不尽相同。在古代，无论东西方，人们都认为健身就是强健体魄、修炼身心。"[①] 在我国，"健身"二字一直与传统的养生一词有着比较相近的含义。中国的传统养生哲学旨在通过特定的运动和实践来维护身体健康和提高生命质量。在中国古代，养生有多种叫法，如摄生、道生、养性、卫生等，其中"养生"这个词最早出现在古典文献《庄子》中。这里的"生"代表生命和成长，"养"意味着维护和补充。简单地说，养生就是对生命的维护和呵护。这一概念与现代的"保健"相似。保健这个词是近现代随着西医理念传入中国而逐渐兴起的，它涵盖了医疗预防和卫生措施。从个体健康的角度上看，养生和保健在意义上是相通的。

"随着社会的进步与发展，人类的生产和生活方式发生了巨大的变化，运动缺乏导致人类机能下降和'文明病'的产生，严重威胁着人类的健康。因此，在现代社会中，人们更加关注身体的健康状况及健身的

---

① 王佳，沈阳，陆永华，等．基于健身目的的体能训练理论与方法 [M].长春：吉林大学出版社，2011：25.

效果。"[1] 所以，对健身进行深入研究是十分有必要的。健身是一种体育项目，包括各种徒手健美操、韵律操、形体操以及各种自抗力动作。其中，体操、瑜伽可以使人增强力量、柔韧性、增加耐力、提高协调性、增强运动者控制身体各部分的能力，从而使运动者身体强健。如果要达到缓解压力的目的，运动者至少一周锻炼 3 次。"健身能全面锻炼和发展身体的各个部位、各器官系统的机能、各种身体素质和基本活动能力。"[2] 健身的范围很广阔，体育只是健身中的一个版块。健身除了体育涵盖的项目之外，还有很多内容，如写字、唱歌、做家务、练习正位瑜伽等。健身大致分为器械锻炼和非器械锻炼。另外，健身还是很多男士和女士用来塑造曲线身材的一种锻炼方式，现代的男男女女都喜欢这项运动。

健身运动可以采用徒手练习的方式，如各种健美操、韵律操、形体操以及各种自抗力动作；也可以采用各种不同的运动器械进行各种练习，如哑铃、杠铃、壶铃等举重器械，单杠、双杠、绳、杆等体操器械，或者弹簧拉力器、滑轮拉力器、橡筋带和各种特制的综合力量练习架等力量训练器械，还有功率自行车、台阶器、平跑机、划船器等有氧训练器材。

健身运动的动作方式是多种多样的，既有成套的各种徒手健美体操，也有球、棒等轻器械体操，这些主要用于女子健美训练，有助于练习者减肥和改善体形体态，提高灵活性，增强韵律感。健身运动也包括很多能发达身体各部位肌肉的举重练习动作和其他动作，这些动作主要用于男女强壮体魄、发达肌肉，也用于男女健美训练。为了达到形体健美的目的，练习者需要采用专门的训练方法。例如采用杠铃等举重器械

---

① 王佳，沈阳，陆永华，等 . 基于健身目的的体能训练理论与方法 [M]. 长春：吉林大学出版社，2011：26.

② 王佳，沈阳，陆永华，等 . 基于健身目的的体能训练理论与方法 [M]. 长春：吉林大学出版社，2011：26.

做各种动作时，不同需求的练习者在器械的轻重、动作的做法、安排的组数、次数、运动的速度等方面都提出了不同的要求。

如今，全民健身已经成为时代的"新风尚"。"全民健身，是一种积极主动、低成本、高收益的健康生活方式，已经得到了全国人民的认可，具有深厚的群众基础。全民健身的特点是：活动参与人群众多、门槛低、渗透性强。广大人民群众在健身活动中充分锻炼身体，获得积极的体验，释放自己的压力，还养成了诚实守信、公平公正的社会道德素养。"①

二、健康

健康，是人们日常生活中经常使用的词语，它涵盖一系列有关生命、生理和心理状态的方面。"健康是指一个人在身体、精神和社会等方面都处于良好的状态。传统的健康观是'无病即健康'，现代人的健康观是整体健康。"②

现代人的健康包括身体健康、心理健康、社会健康、智力健康、道德健康、环境健康等多个方面，其中比较重要的是身体健康、心理健康、社会健康。健康是生命存在的最佳状态，有着非常深刻的内涵。

世界卫生组织（WHO）衡量是否健康的十项标准如下：

一是精力充沛，能从容不迫地应付日常生活和工作。

二是处世乐观，态度积极，乐于承担责任，不挑剔。

三是适当休息，睡眠良好。

四是应变能力强，能适应各种环境变化。

五是对一般感冒和传染病有一定的抵抗力。

六是体重适当，体态均匀，身体各部位比例协调。

---

① 毛丰.全民健身背景下的体育基础知识与健康教育[M].北京：中国纺织出版社，2020：5.

② 钟海明，邵湘宁.武医健康养生学　上　调理篇[M].北京：中医古籍出版社，2022：14.

七是眼睛明亮，反应敏捷，眼睑不发炎。

八是牙齿清洁，无缺损，无疼痛感，牙龈正常，无蛀牙。

九是头发有光泽，无头屑。

十是肌肤光洁，有弹性，走路轻松，有活力。

（一）健康的定义

健康是一个相当复杂的概念，涵盖个体的物理、心理和社交维度。在现代，这个词的含义已经超越了单纯的没有疾病或者身体不适。健康如今已经成为一个全方位的概念，它涵盖身体、精神和社会三个方面。

1. 身体健康

健康的定义包括身体健康。身体健康不仅是指身体的结构和功能正常，没有疾病或损伤，也包括了健康的生活方式，如适量的运动、均衡的饮食以及足够的休息。

在现代社会，由于生活方式的改变，慢性疾病如心脏病、糖尿病、肥胖等成为威胁身体健康的主要因素。因此，身体健康需要通过长期、持续的努力来保持，包括定期体检，保持健康的生活习惯等。

2. 精神健康

健康的定义包括精神健康。精神健康涉及个体的心理和情感状态，包括情绪稳定，无抑郁、焦虑等精神疾病，以及有积极乐观的生活态度。精神健康对个体的日常生活、学习工作以及人际关系都有重要的影响。近年来，人们越来越重视精神健康，对精神疾病的理解和接纳度也在不断提高。

3. 社会健康

社会健康是健康定义的另一重要组成部分。社会健康指个体在社会交往中能良好适应社会环境，有积极的社会关系，没有太大的生活压力等。一些社会因素，如贫困、受教育程度、职业、家庭环境等，都对个体的健康状况有重要影响。此外，社区和社会的健康服务资源，如医疗保健、社区支持服务等，也是影响个体社会健康的重要因素。

值得注意的是，健康的定义并非固定不变的，它会随着社会、科技、文化等因素的变化而发展。例如，随着人们对生态环境重要性的认识加深，环境因素与人类健康的关系也越来越被重视。环境健康关注的是环境因素，如空气、水和土壤污染，以及气候变化对健康的影响。恶劣的环境因素会对人类健康构成重大威胁，包括使人罹患呼吸系统疾病、肠道疾病、皮肤疾病等。

健康是一个复杂而全面的概念，它涉及人们身体、精神和社会三个方面。保持健康需要人们在生活的各个方面都做出努力，包括保持健康的生活习惯，注重精神健康，积极应对社会压力，以及保护和创造良好的生活环境。健康不仅关乎人们的生活质量，也是人们实现自我价值，参与社会活动，以及享受生活的基础。

（二）保持健康的重要性与必要性

健康不仅仅是生活的一部分，更是提高人们生活质量和活力的基础。保持健康的状态，人们才能享受生活中的美好时刻，应对各种挑战，并有力量追求人生的梦想和目标。然而，保持健康并不是简单的事，无论个体的年龄、背景或生活状况如何，都有责任照顾好自己的健康。就此而言，个体应定期进行身体检查，保持健康的饮食习惯，进行规律的身体锻炼。同时，保持健康的重要性与必要性也在于它对个体的未来发展有着深远的影响。个体只有保持健康的身体才能够为自己的未来带来无限的可能。具体来说，保持健康的重要性与必要性体现在以下几个层面。

1. 健康是幸福感和生活满足感的关键

身体的健康状态能直接影响人们的心理和情绪状态。身体是个体感知和体验世界的媒介，只有身体健康，精神状态达到最佳水平的人才能全身心地投入他们热爱的活动中，无论是体育、艺术，还是其他的爱好，都能为其带来无与伦比的满足感和成就感。然而，不良的健康状况可能会阻碍其参与这些活动，从而剥夺其生活的乐趣。健康水平还会影响个体与他人的关系。身体健康时，个体有能力和精力去建立和维持与他人的联系，能够积极参与社区活动，享受与朋友、家人的互动，与亲人朋友分享生活的喜悦和困难。这种社会联系和互动是幸福感的重要来源。但是，当个体健康水平较低时，他们可能会感到疲惫，失去社交的兴趣或能力，甚至可能会因为长期病痛而陷入孤独或抑郁。另外，健康状况也直接影响个体的工作能力和效率，一个健康的身体可以让人们始终保持清晰的思维，克服和应对工作中的挑战和压力。

2. 健康是构建和谐家庭氛围的关键

身体健康是构建和谐家庭的基础。身体健康的人能够更好地照顾家庭，支持家庭的开销。身体健康的人还有更多的精力去陪伴家人，参加家庭的活动，创建愉快的家庭氛围。反过来，如果个体身体状况不佳，不仅会影响个人的工作和生活，也可能带来家庭压力，使得家庭氛围变得紧张。善于倾听，善于表达，善于理解和接纳他人，这些都能使家庭关系更加和谐。可以说，健康是构建和谐家庭氛围的关键。

3. 保持健康是社会责任的一部分

健康的社区需要每个成员的积极参与和贡献。如果成员健康，那么这些成员就能更好地为家庭、社区和工作作出贡献。反之，如果成员的健康状况较差，甚至需要他人的帮助和照顾，这可能会对整个社区产生影响。

三、健康与亚健康

"亚健康状态是机体介于健康和疾病之间过程中特殊的、动态变化的阶段。这种临界状态又称为人体的'第三状态'或'灰色状态',此种状态虽然无明确的器质性疾病,但却呈现生命活力降低、生理功能减退、各种适应能力减弱,既可以是疾病的前奏,也可以因处理得当而恢复到健康状态。"[①]亚健康在生物医学范畴内没有明确的病理变化和阳性体征,各种实验室检查也多为阴性,机体的变化仅限于功能失调,并不影响机体的整体功能,但个体往往存在着许多主观不适感和症状。

亚健康理论产生于 20 世纪 80 年代,当代社会亚健康人群的比重越来越大。亚健康是处在健康与疾病的中间的临界状态,虽然处于亚健康状态的个体没有明确的疾病表现,可以维持基本的生活与工作,但这不可忽略,亚健康可能向健康状态转变,也可能向非健康状态转变,所以个体应当重视亚健康,加强保健措施,提高自身免疫力水平。如果不加以保养,亚健康状态很可能会进一步恶化,导致疾病的发生。亚健康因为表现的状态不同,可以分为躯体亚健康、心理亚健康、社会适应性亚健康、道德亚健康四个方面。

(一)躯体亚健康

主要表现为不明原因的不良症状,或者排除疾病原因的身体不适。常见的临床表现如下。

第一,不定陈述综合征——个体身体感到不适,但难以确诊;

第二,某些疾病的前期表现——个体身体疲惫、全身不适、夜间盗汗、腰酸背痛等现象;

第三,不明原因的综合征——个体神经衰弱综合征、更年期综合

---

① 崔天国,王鲁奎,荣宝海.全科医师手册 第 8 版 [M].郑州:河南科学技术出版社,2021:1266.

征、慢性疲劳综合征等；

第四，病源携带状态——乙肝病源携带者、肺结核病源携带者等；

第五，临场检查的高、低限值状态——血脂、血压等指标过高或过低；

第六，高致病危险因子状态——肥胖、吸烟、酗酒、紧张等。

（二）心理亚健康

心理亚健康主要表现为个体在情绪上的焦虑、急躁、抑郁、担心、恐慌、自卑、失望等状态，有的还会出现失眠多梦、注意力差、记忆力差、反应迟钝等问题，这些情绪如果得不到排解，不仅会造成个体在心理上的疾病，还可能诱发如心脏病、癌症等疾病。

心理处在亚健康状态的个体往往会对周围的环境及挫折产生过度解读，这类人通常会表现出消极、被动的情绪。

（三）社会适应性亚健康

社会适应性亚健康，表现为个体对社会工作、学习、生活等环境难以适应，与他人之间的交往出现困难，这会导致个体人际关系紧张。随着社会发展，各方面的节奏加快，人们接收信息的范围与速度与以往相比有了很大的增大和提高，而人与人之间的关系逐渐淡化。导致这一结果的原因有很多，教育程度、独立意识、个性强、竞争积累、利益冲突等都是导致人们人际关系淡化的原因。处在社会适应性亚健康状态下的人，常表现出较强的孤独感，进而将自己封闭起来，造成社会适应不良。

（四）道德亚健康

道德亚健康主要表现为信息化时代下，被一些消极的三观影响的，不利于自身健康发展的状态。道德亚健康能直接影响人们的行为和习惯，有的症状严重的个体还会做出有违法律法规的行为，最终受到法律的制裁。

四、健身与健康的互动联系

"在健康中国的建设中，全民健身是促进个体健康的保障。全民健身的首要作用就是要实现个体健康。如今，广场舞、长跑、散步等健身活动已经成为大众喜闻乐见的健身方式，养生之道、健身之法一度成为社会的热潮，这所有的一切源于人们对体育的深入理解，对健康的深入认知以及全民健身的彻底领悟。"[①] 在身体层面，健身能够保护人体心血管健康，降低罹患心脏病、高血压、糖尿病等慢性疾病的风险。有规律的运动可以帮助人体控制体重，增强身体的抗病能力，同时增强肌肉和骨骼的力量和提高其灵活性，这对预防骨质疏松症和关节炎等疾病十分重要。运动还能够帮助人体维持正常的新陈代谢速率，使身体更有效地消耗热量，有助于人体更好地管理体重。定期的体育活动也可以帮助人体调节免疫系统，使人们能更有力地预防和抵抗疾病。

健身活动对精神健康也非常重要。首先，运动可以改善人们的心情。个体在运动时，大脑会释放多种神经递质，包括内啡肽、多巴胺、血清素等，这些物质可以帮助个体缓解压力，调节情绪，形成良好的自我感觉。其次，运动有助于提高个体的睡眠质量。研究已经证明，规律的运动能够帮助个体得到更好的睡眠，从而使个体在白天保持更清醒的状态，这能有效提高个体工作和学习的效率。最后，运动也能够提高个体的自尊心和自信心。通过设定和达成运动目标，个体可以增强自我效能感，提高对自己身体形象的满意度，从而提高自尊心和自信心。

当然，健身只是实现健康的一个方面。为了实现全面的健康，人们不仅需要注意健康的饮食，避免不良的生活习惯，如抽烟和过度饮酒，还需要有足够的休息和社交活动等。

健身是实现身体健康和精神健康的重要手段，是实现全面健康的重

① 毛丰．全民健身背景下的体育基础知识与健康教育 [M]．北京：中国纺织出版社，2020：4．

要一环。它可以帮助人们预防多种疾病，提高生活质量，提高工作效率和学习效率，还能帮助人们更好地应对生活中的压力和挑战。通过规律的健身活动，人们可以实现更高程度的身心健康，从而过上更加充实和满足的生活。

第二节　健身公共服务体系的概念

一、公共服务体系

公共服务体系是一个复杂而多元的概念，它涵盖多个领域的公共服务，包括健康保健、教育、交通、环境、安全、社会保障等。这个体系的目标是满足社会成员的基本需求，提高人民的生活质量，同时也有助于维护社会秩序和提升社会的整体效益。

（一）公共服务体系的内涵

公共服务体系的核心理念是公平和效率。这意味着，公共服务不仅要尽可能地覆盖到每个人，无论他们的社会地位、收入或地理位置如何，都要保证服务的质量和效率。在实际的公共服务体系中，这一理念可能会因为政策、资源和实践的差异而表现出各种形式。

公共服务体系是由多个相互关联的部分组成的。这些部分包括公共部门、私人部门和非政府组织。公共部门是向社会公众提供基本服务的主要机构，包括政府部门和公共机构，他们直接负责提供教育、健康保健和社会保障等服务。而私人部门和非政府组织则通过合同、伙伴关系或其他形式，为公共服务体系提供补充和支持。

公共服务体系的运行依赖于一套复杂的制度和政策。政府需要制定和执行一系列的法规、政策和程序，以确保公共服务的有效提供。这些政策可能会涉及服务的质量、访问性、可负担性等各个方面。此外，政府还需要建立一套监督和评估机制，以监控公共服务的运行情况，确保其满足人民的需求。

公共服务体系的质量和效果取决于许多因素。这些因素包括资源的分配、人员的培训、技术的应用、服务的设计和提供方式等。其中，资源的分配是一个关键问题，因为公共服务的提供需要大量的财政支持。为了实现公平和效率，政府需要制定公正的税收和预算政策，确保资源能够精准地分配到各个服务领域。

公共服务体系还需要关注人民的需求和期望。这意味着公共服务不仅要满足人们的基本需求，还要考虑到他们的个性化需求和文化背景。这需要政府通过组织参与社会活动的公众咨询，了解人民的需求，制定出与之相适应的公共服务策略。

在经济全球化和技术进步的背景下，公共服务体系面临着许多挑战。例如，经济全球化可能会导致服务需求的变化，技术进步可能会改变服务的提供方式。因此，公共服务体系需要不断地创新和适应，以满足不断变化的需求和环境。

公共服务体系是一个综合性的体系，它旨在满足社会成员的基本需求，提高他们的生活质量。公共服务体系的建立和运行涉及政策制定、资源分配、服务提供和社区参与等多个方面。在经济全球化和技术进步的趋势下，公共服务体系需要不断地创新和适应，以更好地服务于社会和人民。

（二）公共服务体系的特点

公共服务体系具有许多独特的特点，以下是一些主要的特点，如图1-1所示。

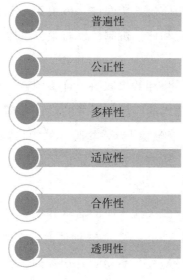

图 1-1　公共服务体系的特点

1. 普遍性

公共服务体系的基本目标是为所有公民提供服务，无论他们的年龄、性别、种族、信仰、经济状况或居住地。这意味着公共服务体系需要覆盖整个国家，无论是城市还是农村，无论是富人还是穷人。

2. 公正性

公共服务体系强调公正和公平。无论是在服务的提供、资源的分配，还是在政策的制定上，公用服务体系都需要尽可能地公平对待每一个人。这不仅包括在经济上的公平，也包括在社会保障、文化和政治上的公平。

3. 多样性

公共服务体系涵盖多个领域，如教育、医疗、公共交通、环保、社会保障等。这些服务的形式和内容各不相同，能满足公民的多样化需求。

4. 适应性

随着社会、经济、技术和环境的变化，公共服务体系需要能够及时进行调整和改变，以满足新的需求和挑战。这就需要公共服务体系具有足够的灵活性和创新性。

5. 合作性

公共服务体系通常涉及多个部门和机构的合作，其中既包括政府的各个部门，也包括私人部门和非政府组织。这要求公共服务体系有良好的协调和合作机制。

6. 透明性

公共服务体系需要有较高的透明度，其涉及政策的制定、资源的分配、服务的提供和评估的过程多个方面。较高的透明度可以增加公众的信任度，提高服务的质量和效率。

二、健身公共服务体系

在现代社会中，健康成为人们日益关注的问题。健身公共服务体系可通过提供各种形式的运动和健身机会，成为保障人体健康的有效手段。无论是公共体育场馆，还是社区健身中心，无论是健身课程，还是户外活动，都是健身公共服务体系的重要组成部分。

（一）健身公共服务体系的内涵

健身公共服务体系是一个旨在提供全民健身设施和服务的复杂体系。其核心目标是推动全民健身，提高公众健康水平，提高生活质量，并帮助个人提高生活满意度。这一系统涉及公共、私人和非政府组织的广泛参与，包括公共部门、私人企业、志愿者团体和社区组织。健身公共服务体系的内涵涉及多个层面,具体包含如下内容。

健身公共服务体系强调所有人都应有平等获得健身服务和使用健身设施的机会,无论他们的经济地位、社会地位、性别或年龄。这一理念在具体实施过程中,表现为由国家相关部门及社会组织提供公共健身设施和设备,设置便宜或免费的健身课程和活动,对低收入群体进行健身援助,以及通过立法和政策推动健身设施和服务的公平分配。

健身公共服务体系强调提供多样化的服务和活动,以满足各种健身需求。这包括各种体育运动,如篮球、足球、瑜伽和舞蹈,以及各种形式的健身活动,如户外健身、团体健身和个人健身。此外,健身公共服务体系还应该提供针对特定人群的特别服务,如儿童、老年人、残疾人或患有特定疾病的人。

健身公共服务体系强调实现公众的广泛参与和深度参与。广泛参与是指所有人都应有机会参与健身活动;深度参与是指人们不仅是健身活动的参与者,也是健身活动的组织者、管理者和推动者。例如,社会成员可以参与健身设施的设计、管理和评估,也可以参与健身活动的组织、引导和推广。

健身公共服务体系强调健身活动的可持续性。这包括在健身设施和健身活动的设计和管理中考虑环保和可持续发展,以及通过教育和培训,提高公众的健身知识和技能,以支持他们的长期健身行为。

健身公共服务体系强调以科学的方法提供高质量的健身服务。这包括使用科学的理论和方法来设计和提供健身活动,使用科学的评估方法来监测和评价健身服务的质量和效果,以及通过研究和创新,持续提高健身服务的质量和增强服务效果。

健身公共服务体系的内涵是多元和深刻的。它既关注公众的权益和需求,也关注社会的公平和可持续性,同时还关注科学和质量。建立和发展健身公共服务体系,需要政府、社会组织和个人的共同努力,需要政府、社会组织、机构及个人深化理论研究,丰富实践经验,以及开展广泛的合作和交流。通过这些努力，健身公共服务体系将成为提升公众健康水平，增强社区活力，推动社会和谐发展的重要力量。

（二）健身公共服务体系的现实意义

健身公共服务体系在现实生活中具有深远的影响。其影响力涵盖了个体健康、社区发展，以及国家经济发展和社会进步的各个层面。健身公共服务体系对于个体、社会和国家都有深远的现实意义。通过提供高质量的健身服务，健身公共服务体系不仅能提升公民的健康水平，也能推动活力社区的构建，还能促进经济社会发展，从而实现社会公平和公正。因此，建设和发展健身公共服务体系是我们当下乃至未来社会发展的重要任务。

从个体健康的角度来看，健身公共服务体系的存在极大地促进了公众的健康和福祉。众所周知，定期进行体育锻炼对保持良好的身体健康状况和预防各种慢性疾病具有至关重要的作用。例如，运动可以帮助人们控制体重，增强心肺功能，提高肌肉和骨骼的强度，改善心理状态，延长寿命等。健身公共服务体系通过提供可达性好、质量高的健身设施和服务，使更多的人有机会参与健身活动，从而改善他们的健康状况，提高他们的生活质量。

从社区发展的角度来看，健身公共服务体系对构建健康、活力充沛的社区具有重要作用。体育锻炼不仅可以提升个体健康水平，还可以增强社区的凝聚力，促进社区成员之间的互动和交流，增进社区的和谐稳定性。例如，社区健身活动可以成为邻里间相互认识、交流的平台，体育比赛可以成为社区凝聚力的载体。这样的社区不仅能保障居民的身心健康，还具有积极的社区氛围和良好的社区关系。

从国家经济发展和社会进步的角度来看，健身公共服务体系的建设和发展对提升国家的整体经济和社会发展水平具有积极影响。健康的公民是国家发展的基石，而健身公共服务体系正是促进公民健康的重要手段。公民的健康水平直接影响到国家的经济生产力、社会稳定性和国家竞争力。另外，健身公共服务体系的建设和运营本身还能带动相关产业的发展，如建筑业、体育器材制造业、健身服务业等，从而促进经济增长。

健身公共服务体系对推动社会公平和公正也有重要的作用。健身公共服务体系强调公平地为所有人提供健身服务和设施，无论他们的经济能力、社会地位、性别或年龄如何。这一特点使健身公共服务体系成为促进社会资源公平分配，减少社会不平等的有效途径。此外，公众参与健身公共服务体系的设计和管理，也可以增加公众的参与感和满意度，提高社会的公正感。

第三节　当代社会健身活动的发展趋向

一、全民健身

全民健身的概念正越来越深入人心，成为未来社会健身活动的发展趋势。在当前这个"健康第一"的时代背景下，全民健身的重要性日益凸显。

全民健身，顾名思义，就是所有人都能参与到健身活动中来，而不仅仅是少部分热衷于健身的人。这个理念的关键在于推动健康的生活方式和健康的行为习惯。这不仅需要人们意识到运动和健身的重要性，还要激发公众对健康生活方式的热爱和追求，使健身成为日常生活的一部分。

全民健身不仅仅关注身体健康，也强调心理健康的培养和维护。研究显示，运动和健身对改善心理健康有显著作用。因此，全民健身的理念是全方位的，它追求的是身心全面的健康。全民健身的理念得到了广泛的社区参与。不同于传统的健身房和个人锻炼，全民健身注重的是团队活动和社区的参与。这样做不仅能鼓励更多的人参与健身活动，而且能促进社区间的连接和社区成员间的互动。在这样的环境下，健身不再是孤独的行动，而是一种集体的参与和享受。全民健身的发展也在推动相关产业的进步，这包括健身器材、健身软件、健身服务等各个领域。未来，这些领域将继续因响应全民健身的需求和挑战而创新和发展。

与此同时，全民健身也带动了健康科技的发展。例如，穿戴式设备可以帮助人们更好地跟踪和理解自身的健康状况。AI 和大数据技术也能帮助人们更精准地制定健身计划和更有效地监控健康状况。全民健身还提升了全社会对健康的重视程度。在政策制定和城市规划中，对健康和健身的考量已经成为一个重要的部分。从更多的健身设施到更广阔的公共绿地，人们可以看到全民健身理念在社会各个层面的影响。

全民健身正在全方位推动社会健身活动的发展，包括增强公众健康意识，推动健康科技和相关产业的发展，以及引导社会政策和城市规划的改变，全民健身正在创造一个更健康、更有活力的社会。全民健身不仅仅是一个运动，它还是推动人们迈向更健康、更美好未来的重要力量。

二、技术驱动

未来的社会健身活动将越来越依赖技术驱动。技术的引领和驱动已经深入到人们生活的方方面面，健身活动自然也不例外。从更具针对性的健身计划，到更高效的健身方法，再到更便捷的健身方式，技术的嵌入正在改变人们健身的方式和习惯。

数字化健身计划和健身跟踪系统已经开始改变人们对健身的理解和实施。利用大数据和人工智能，人们可以创建更精确、更个性化的健身计划，以满足不同人群的健身需求。这些技术不仅能够提供精准的健身指导，也能提供实时的健身反馈，帮助人们调整和改进健身计划。与此同时，虚拟现实技术（VR）和增强现实技术（AR）也正在改变人们健身的体验。这些技术让人们可以在家中就享受到仿佛在户外、在健身房，甚至在各种竞技场地上的健身体验。无论在白天还是夜晚，人们都可以随时进行有效的健身活动。

穿戴设备和物联网技术能提升人们的健身效率和效果。通过这些设备，人们可以实时监测自身的身体状况，包括心率、血压、运动量、热量消耗等等。这些数据不仅可以帮助人们更好地理解自身的健康状况，也可以帮助人们更好地调整和优化健身计划。新兴技术也在改变人们参与健身活动的方式。例如，在线健身平台的出现让人们可以随时随地参加各种健身课程，与世界各地的健身爱好者一起锻炼，这些健身平台打破了地域和时间的限制。同时，社交媒体和健身社区的互动也为人们提供了更强大的健身动力，创造了更多的健身乐趣。

技术驱动的健身趋势还推动了相关产业的发展，包括健身器材、健身服务、健身软件等。这些产业将继续研发更先进的产品和服务，以满足人民日益增长的健身需求。

在未来的社会健身活动中，技术的引领和驱动将会越来越明显。它将会推动人们更加深入地理解健康，更加有效地进行健身，也将使人们更加便捷地享受健身的乐趣。无论是健身的方式、健身的效率，还是健身的体验，都将在技术的推动下得到改善和提升。

可以说，未来的社会健身活动将会是技术驱动的。这不仅仅是一个发展趋势，也是人们迈向更健康、更美好未来的重要途径。未来，人们将会看到更多的技术被引入到健身活动中，使健身变得更加科技化、智能化、个性化。这将是未来社会健身活动的一个重要趋势。

三、个性化和定制化

个性化和定制化是未来社会健身活动的一大发展趋势。随着科技的进步和消费者需求的多元化变化，以往"一刀切"式的健身方案已经无法满足现代人的需求。个性化和定制化的健身活动，因其能够更精准地满足每个人的健身需求而日益受欢迎。

个性化和定制化的健身活动着眼于每个人的具体情况，包括体质、健康状况、健身目标、生活方式等等。通过对这些因素的全面考虑和深入了解，个性化和定制化的健身活动可以为每个人制定最合适的健身计划。这不仅可以帮助人们更高效地达成健身目标，还能在很大程度上避免因不适合的健身活动导致的健康问题。

在实现个性化和定制化健身的过程中，科技发挥着重要的作用。例如，人工智能和大数据可以帮助人们分析和理解他们的需求和喜好，以及他们的健身效果，从而为他们提供更精准的健身指导和反馈。穿戴设备和其他健康监测设备可以向用户提供大量有关健康和健身的数据，这些数据对制定和调整个性化的健身计划有重要的参考价值。另外，个性化和定制化的健身活动也更加注重向用户提供一种全方位的健身体验。除了健身的实际效果，健身的过程和体验也越来越被重视。为此，更多的健身服务开始提供个性化的服务，如私人教练、个性化的健身课程、个性化的健身空间等，这些都是为了向人们提供更好的健身体验而产生的。

个性化和定制化的健身活动能推动相关产业的发展和创新。健身行业不断在健身器材、健身软件、健身服务等方面寻求向用户提供更好的个性化、定制化的产品和服务。这一趋势将持续推动这些行业的发展，同时也会创造出更多的商业机会。个性化和定制化的健身活动在当今社会的发展趋势还反映出社会对健康有更深入的理解和更高的要求。人们开始更加重视健康，更加注重生活质量，也更愿意投资于自我健康。而个性化和定制化的健身活动，正是满足这种需求的重要方式。

个性化和定制化的健身活动正在成为未来社会健身活动的主要趋势。这一趋势不仅反映了科技的进步，消费者需求的多元化，还反映了社会对健康的更高要求和更深入理解。随着这一趋势的发展，人们可以预期未来的健身活动将更加个性化、定制化，也将更加高效、有趣。

四、社区化和集体化

在未来的社会健身活动中，社区化和集体化将成为一种重要的发展趋势。这种趋势源于人们对社交互动、集体参与的需求，以及人们对健康生活方式的日益重视。

社区化和集体化的健身活动将社区或集体作为一个整体来考虑，着眼于提高整个社区或集体的健康水平和生活质量。在这种模式下，健身活动不仅是提高个人健康和身体素质的手段，更是一种社区建设和集体参与的方式。

社区化的健身活动，往往通过组织各种社区健身活动，如集体晨跑、健身课程、健康讲座等，来增强社区居民的健康意识，培养其健身习惯。这样的活动不仅能让居民享受到健身的乐趣，还能增强社区的凝聚力，有助于建立良好的社区氛围。

集体化的健身活动，强调的是团队合作和集体参与。这种活动通常许多人共同参与和协作，如团体运动、集体健身竞赛等。这种方式不仅能提高参与人员的健康水平，还能提升团队精神和增强集体凝聚力。

开展社区化和集体化的健身活动，有助于构建一个积极的、健康的社区环境。鼓励更多的人参与到社区化和集体化的健身活动中来，有助于激发人们的健身热情，提高人们的健身积极性，从而帮助人们建立起长期的健身习惯。

在实现社区化和集体化健身活动的过程中，科技和互联网也起到了重要的推动作用。例如，通过社交媒体、健身 APP 等工具，人们可以轻松地组织和参与各种健身活动，也可以与他人分享自己的健身经验和成果。这些工具使健身活动更具社交性，更易于传播，也使社区化和集体化的健身活动变得更加便捷和大众化。

社区化和集体化的健身活动，是健身活动走向大众化的重要表现。

它强调的是人们的社交互动和集体参与，将健身活动从单一的个体行为转变为一种社会行为。这一趋势不仅有助于提高社区和集体的健康水平，也有助于增强社区的凝聚力，提高集体的生活质量。

社区化和集体化将成为未来社会健身活动的一种重要趋势。在这一趋势下，健身活动不仅是提高个人健康和身体素质的手段，还是一种社区建设和集体参与的方式。这一趋势将推动健身活动的大众化，使更多的人能参与到健身活动中来，享受健身的乐趣和健康的生活。

五、绿色健身和可持续性

随着人们环保意识的提高和对可持续发展的重视，绿色健身和可持续性正在成为社会健身活动的重要发展趋势。这种趋势体现了人们对环保和健康生活的追求，以及对可持续生活方式的倡导。

绿色健身和可持续性的健身活动，主要是指那些对环境影响小，可持续的健身方式。这可以包括户外健身、环保健身器材的使用，以及能源消耗低的健身活动等。户外健身是绿色健身的一种方式，如徒步、骑行、游泳、瑜伽等活动，不仅可以锻炼身体，增强健康，还可以让人们接近自然，享受户外的乐趣。而且，这些活动基本不需要消耗额外的能源，对环境的影响也很小。使用环保的健身器材也是实现绿色健身的重要方式许多制造商现已开始研发和生产环保的健身器材，如使用可回收材料的健身器材，或者采用能源高效的健身设备。这些环保的健身器材，在满足人们健身需求的同时，也有助于减少环境污染和能源消耗。

绿色健身和具有可持续性的健身活动，不仅对环境有好处，对个人和社区也有积极的影响。首先，这种健身方式可以帮助人们接受绿色、环保的生活方式，增强人们的环保意识。其次，通过绿色健身活动，人们可以在锻炼身体、保持健康的同时，也享受到接近自然、保护环境的乐趣。最后，这种健身方式还能帮助社区构建绿色、健康的社区环境，提高社区的生活质量。

推动绿色健身和可持续性健身活动的发展，需要各方的共同努力。政府需要出台相关政策，鼓励和推广绿色健身活动，如提供户外健身设施，鼓励环保健身器材的研发和生产等。健身机构和个人需要增强环保意识，选择环保的健身方式和器材。此外，科技和创新也将在实现绿色健身和可持续性健身活动中起到重要的作用。

绿色健身和可持续性是未来社会健身活动的重要发展趋势。这一趋势反映了人们对环保和健康生活的追求，以及对可持续生活方式的倡导。随着这一趋势的发展，未来的健身活动将更加绿色、环保，也将更加可持续。

第四节　构建全民健身公共服务体系的时代背景

一、民众健身观念的发展

民众健身观念的发展是构建全民健身公共服务体系的背景之一。在过去的几十年中，随着社会的进步和人们对健康和生活质量的不断追求，健身观念已经从一种"小众"活动逐渐普及到广大群众中。越来越多的人开始关注自己的身体健康和生活方式，认识到锻炼的重要性。

在经济飞速发展的时代，工作和生活节奏的加快，使大量的人面临健康问题，如缺乏运动、久坐办公、不规律的作息等。这样的生活方式带来了各种慢性疾病的威胁。于是，人们开始寻求改变，而健身活动成了一个有效的手段。无论是晨练、打太极，还是去健身房锻炼和进行瑜伽运动，健身活动已经成为人们生活中不可或缺的一部分。

这种健身热潮的背后，是人们对健康的重视和对生活质量的追求。社会各界也逐渐认识到，一个健康的民族是国家持续发展的重要基石。因此，国家对健身产业和健身文化的支持和鼓励也变得前所未有地强烈。政府部门、企事业单位和社区都开始投入资源，支持和发展健身相关的项目和活动。

随着信息技术的发展，健身理念和知识得以快速传播。人们不仅可以通过电视、广播、杂志等传统媒体了解健身信息，还可以通过互联网、社交媒体和各种健身 App 获得专业的健身指导和建议。这极大地丰富了人们的健身方式和方法，也使得更多的人能够接触和了解到正确的健身观念。

在这样的背景下，全民健身公共服务体系应运而生。为了满足人民日益增长的健身需求，各级政府纷纷出台相关政策、规划和措施，旨在建设一个覆盖面广、服务内容丰富、方便易达的公共健身服务体系，确保每个人都可以享受到健身的益处。

二、社会全面发展的需求

社会全面发展的需求是全民健身公共服务体系的构建背景之一。随着经济社会的进步和人民生活水平的提高，人们对健康和生活质量的追求已经成为社会发展的重要内容。越来越多的人开始认识到，身体健康不仅关乎个人的生活质量，还是国家和社会进步的重要基础。

在经济全球化和信息化的今天，人们的生活节奏加快，工作压力增大，生活方式和饮食习惯也发生了巨大的变化。这些因素都使人们面临着更为复杂的健康挑战。如何在快节奏的生活中保持身心健康，提高生活质量，成为人们关注的重要话题。随着科学技术的发展和医学研究的深入，人们对健康的认识不断深化。人们已经认识到，健康是一种全面的身心状态，包括身体的健康、心理的健康以及社会适应性等多个方面。在这个认识的基础上，人们开始寻找更为全面、科学的健康管理方式，而积极的体育锻炼成为其中重要的一环。

在这种背景下，全民健身公共服务体系的需求和意义变得愈发明显。健身服务不仅可以帮助人们提高身体健康，预防和控制各种慢性疾病，还可以帮助人们缓解压力，提高生活质量，提升其幸福感。为了满足人们对健身与健康的需求，国家和社会需要构建一个科学合理、服务全面、便民高效的健身公共服务体系。

全民健身公共服务体系的建立和发展是社会公平和社会进步的重要体现。通过提供公平、开放、方便的健身服务，全民健身公共服务体系可以使所有人都有机会享受到健身的益处，无论他们的年龄、性别、经济状况或身体状况如何。这样的服务体系有助于减少社会健康差距，促进社会公平，也是实现人人享有健康的重要途径。在这个意义上，健身公共服务体系的建设成为社会全面发展的重要内容。

第二章 构建健身公共服务体系的意义与价值

第一节 构建健身公共服务体系的个人意义

构建健身公共服务体系的个人意义如图2-1所示。

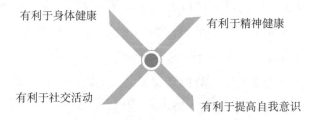

有利于身体健康　　　　有利于精神健康

有利于社交活动　　　　有利于提高自我意识

图 2-1 构建健身公共服务体系的个人意义

一、有利于身体健康

身体健康是每个人都必须珍视的财富，而构建健身公共服务体系就是为了在日常生活中增强人们对身体健康的关注度，向人们提供必要的设施和服务，使得保持身体健康变得更加简单易行。定期进行体育锻炼的重要性不言而喻，它对增强心肺功能、提高身体健康水平、预防多种疾病具有积极影响，是人们生活中不可或缺的一部分。

心肺功能是身体的核心功能之一，它决定着人体的耐力和生命力。定期进行体育锻炼，如进行有氧运动和耐力训练，可以显著增强人体的心肺功能，提高心肺的工作效率。这不仅可以使人在日常生活中感到更有活力，还能在人应对疾病时为其提供更强的抵抗力。

定期的体育锻炼可以显著提高人体的身体健康水平。通过运动，人体可以燃烧多余的脂肪，控制体重，也可以提高新陈代谢，使身体功能更加活跃。此外，运动还可以增强人体的免疫系统的功能，帮助身体抵抗各种疾病。

定期的体育锻炼还是预防多种疾病的有效手段。例如，定期进行运动可以预防心脏病和糖尿病这两种常见的生活方式病。这是因为运动可以帮助人体调整血压和血糖水平，防止它们升高到危险的程度。同样，对于骨质疏松症这种常见的骨骼疾病，定期进行体育锻炼，特别是重力训练，可以人体帮助增强骨密度，防止骨骼过早地变脆弱。

然而要注意的是，人们在进行体育锻炼时，也需要考虑到自身的身体条件和运动能力。过度运动可能会导致身体受伤，而不恰当的运动方式也可能会对身体健康产生负面影响。因此，人们应在专业的指导下，结合个人的身体条件，制定合理的运动计划。

构建健身公共服务体系对鼓励和帮助人们定期进行体育锻炼具有重要意义，它可以帮助人们改善心肺功能，提高身体健康水平，预防多种疾病。健康的身体是生活的基础，人们应珍视它，养成良好的运动习惯。构建健身公共服务体系，还能够让更多的人享受到运动带来的健康益处。

二、有利于精神健康

在当今快节奏的生活中，压力增大导致的情绪问题已经变得越来越普遍。繁忙的工作、复杂的人际关系，以及日常生活中来自方方面面的挑战都可能让人感到压力重重。通过运动和健身，个体可以有效地应对这些压力，缓解情绪，提升生活质量。此外，健身还可以提高个体的睡眠质量，增强个体的注意力和记忆力，从而在各个方面提升个体的精神状态。

在遥远的史前时期，人类必须通过运动来获取食物和保护自身安全。来自生存和生活的压力和恐惧会触发战斗或逃跑反应，使人的身体分泌一种叫作肾上腺素的激素，这种激素可以使人心跳加速、血压升高，准备面对即将到来的挑战。现在，尽管人们不再需要每天面对生死挑战，但是生活、学习和工作上的压力和焦虑依然存在，而运动可以帮助人们以健康的方式应对这些压力。

运动时，人脑会释放内啡肽，这是一种化学物质，它具备提高情绪、使人感到快乐和放松的作用。这就是为何许多人在运动后会感到一种所谓的运动者的快感。运动还可以帮助人们改善自我形象，增强自尊心和自信心。这些都是精神健康的重要组成部分，对提高生活质量具有重大意义。另外，运动对提高睡眠质量也有显著效果。良好的睡眠对身体的恢复和大脑功能的修复非常重要。研究证明，定期进行有氧运动可以改善睡眠质量，让人在夜晚更容易入睡，同时可以增加深度睡眠的时间，让人在醒来后感到更有精力。

更重要的是，运动可以帮助人们提高注意力和记忆力。这是因为运动可以刺激大脑中负责这些功能的区域，让它们更加活跃。事实上，已有研究发现，定期进行有氧运动可以改善大脑的结构和功能，对保持大脑健康、增强认知功能具有重大意义。

构建健身公共服务体系对提升个人的精神状态和生活质量具有重要意义。通过定期的健身，人们可以有效地减轻压力、改善情绪、提高睡眠质量、增强注意力和记忆力。这不仅可以帮助人们在日常生活中更好地应对压力，还可以让人们在学习、工作，以及其他需要精神集中的活动中表现得更好。因此，让更多的人养成运动的习惯，享受到运动带来的精神益处，是构建健身公共服务体系的重要目标。

三、有利于社交活动

构建健身公共服务体系的一大优点是提供社交活动的机会。人们聚在一起进行集体活动时，无论是参加瑜伽班、跑步俱乐部，还是其他形式的团体锻炼，都会有机会接触到不同的人，这为人们建立社交网络提供了有力的支持。

健身公共服务体系通常会开展各种小组活动或课程，为人们提供一个聚集、交流、互动的平台。通过参与这些活动，人们有机会结识志趣相投的人，与新朋友培养共同的兴趣和树立相同的目标，这无疑将会使人获得深厚的友谊。人是社会性动物，社交对每个人的心理健康和生活满意度都至关重要。无论是共同的运动挑战，还是交流健身经验，人们都有可能在这些活动中找到朋友，甚至是生命中的重要伴侣。

这些小组活动或课程不仅为人们提供了一个健身的场所，更为人们提供了一个社交的空间，让人们在健身的过程中增进了解，增强感情。在这个过程中，人们的生活质量得到了提升，社区的凝聚力也因此得到了加强。同时，参与集体运动也使人们获得了学习和分享的机会。在瑜伽班、跑步俱乐部等活动中，人们可以通过互相学习，分享自己的健身技巧、经验和故事，获得新的知识和启示。这种互动和分享可以让人们感到自己是一个大集体的一部分，有助于增强个体的自尊感和归属感。集体运动还可以培养人们的团队精神和合作能力。在许多团队运动中，人们需要合作、协调，才能达成目标。这种经验对提高人们的社交技巧，培养人们的团队精神有着积极的作用。

健身公共服务体系的构建不仅能帮助个人保持身体健康，改善精神状态，还能通过提供各种社交活动和课程，帮助人们建立和扩展社交网络，这也有助于增强社区的凝聚力。这一切都让人们在提升健康的同时，还能享受丰富多彩的社交生活，提升生活的品质。

四、有利于提高自我意识

通过健身，人会对自身的身体和能力有较深入的了解。每一次跑步、每一次举重、每一个瑜伽动作，都是对自我了解的一次深化。人们在体验各种运动的过程中，会对自己的身体有更清晰的认识，了解到自己的身体在不同运动中的表现和反应，明确自身的极限在哪里。这种了解是自我意识的增强，也是对自我身体认识的提高。

对很多人来说，开始健身是因为他们对自身的身体形象或者健康状态不满意。然而，在定期健身，实现了健身目标之后，他们的自我形象、自尊心和自信心往往会得到提高。这是因为，通过努力，他们看到了自己的身体在发生变化，看到了自己的健康状况在改善，这给了他们信心，并让他们知道，只要他们付出努力，就能实现他们的目标。这种信心和自尊感会影响其生活的其他方面，如工作和人际关系。

在实现健身目标的过程中，人们会获得一种特殊的成就感。无论目标是跑完一场完整的马拉松，还是在游泳中创造个人新的最佳成绩，或者是增加自己的力量和耐力，每一次目标的实现，都会使人们产生强烈的满足感、自豪感和成就感。这种成就感可以增强人们的自我效能感，让人们相信自己有能力和力量去克服困难，实现目标。而这种自我效能感，可以帮助人们在生活中更有信心去面对挑战，实现自己的梦想。

运动有助于人们在内心深处建立自信心。人们的每一次锻炼，每一次冲破自己的极限，都是其对自我能力的肯定和赞扬。这种感觉可以让人们在生活中更加坚韧，更有决心去面对各种挑战。

通过健身，人们可以对自己的身体和能力有更深入的了解，改善自我形象，提高自尊心和自信心。在实现健身目标的过程中，人们会获得一种深深的成就感，增强自我效能感。这些对个人保持心理健康和提高生活满意度都是非常重要的。因此，构建健身公共服务体系，让更多的人有机会通过健身提高自我意识，是非常重要的。

第二节　构建健身公共服务体系的行业意义

一、对体育行业的意义

在全球健康意识逐渐觉醒的背景下，构建健身公共服务体系已经成为当代社会发展的必然趋势。对于体育行业，这不仅仅是一次机遇，更是一次深度的革命。公共健身服务体系的构建将使体育行业与更广泛的社会需求相结合，它能推动体育行业实现从纯粹的竞技向全民健身的转变，进而为人们提供更多的健康选择。随着公共健身服务体系的完善，体育不再是少数人的专利，而是成为每个人日常生活的一部分，真正实现体育为人民服务的宗旨。对于体育行业来说，这意味着更广阔的市场、更多的机会和更大的社会责任。构建健身公共服务体系对体育行业的意义如图 2-2 所示。

图 2-2　构建健身公共服务体系对体育行业的意义

（一）有利于增加体育行业的发展机会

构建健身公共服务体系是向社会全面展示体育行业魅力和潜力的重要方式之一。这一体系的构建将极大地推动体育行业发展，这主要表现在各个子领域对体育行业相关产品和服务需求的增加，为体育行业的各个参与者创造更多的商业机会等。

从健身器械和设施的角度上看，公共服务体系的构建将大幅提升人们对健身器械和设施的需求。健身器械和设施是健身公共服务体系的硬件基础，种类繁多，包括各种运动器材、健身器械、运动设施等。在这一体系的建设中，高品质的器材和设施是必不可少的。新的体育公园、运动场、健身房、游泳池等设施的建设会促使相关产品的需求增加，推动健身器械和设施制造业的发展。

健康管理服务从专业的角度指导公众形成健康的生活方式，这包括饮食、运动、睡眠等方面的指导，而健身培训则是由专业的教练教授公众健身的方法和技巧。这两方面的服务不仅能满足人们不断增长的需求，还将促进健康管理和健身培训行业的发展，这有助于形成更加专业、规范的服务体系。

技术进步和创新也将在公共服务体系的推动下获得新的发展机会。可应用于体育领域内的新兴科技，如虚拟现实健身、在线健身教程、健身数据追踪等（以下称为"体育科技"），将更好地服务公众，使健身更具吸引力。此外，针对特定人群（如儿童、老年人、残疾人等）的专门健身器械和设施的研发也将得到发展。公众对体育行业的认知和参与度的提升，将进一步促进体育产品的销售，推动体育用品、运动鞋服等相关行业的发展。未来，体育行业将拥有更为广阔的市场前景，这无疑会吸引更多的创新力量投入体育行业的发展中，推动整个体育行业的持续、健康发展。

构建健身公共服务体系是推动体育行业发展的有效途径，这不仅可以促进相关产品和服务需求的增加，还能带动体育行业的各个参与者发展，也为体育行业的科技创新、专业化和规范化提供了强大的推动力。

（二）有利于推动体育科技和创新

推动体育科技和创新是构建健身公共服务体系极具意义的方面之一。在满足人们的健身需求的过程中，不断涌现的新的体育科技和方法不仅为体育行业注入了活力，也在很大程度上加速了体育行业的创新发展。

在当今这个数字化和信息化的时代，体育科技的发展速度不断加快。各种新兴科技，如人工智能、大数据、物联网、虚拟现实等，正在逐步融入体育行业中，为公众提供更个性化、更智能化的健身服务。比如，通过收集和分析用户的健身数据，个性化的健身方案和营养建议能够被推荐给用户；利用虚拟现实技术，用户在家中就能体验仿真的健身环境和课程，这打破了时间和空间的限制。

新的健身理念和方法也在不断出现，如全民健身、全程健身、轻健身等理念的提出，使健身不再局限于健身房，而且可以融入日常生活中的各个方面。新的健身方法，如智能健身、乐园健身、户外健身等，不仅让健身更具趣味性和实用性，还更能吸引更多的人参与其中。

为了更好地服务于人们，无障碍健身设施和特殊人群健身设备的研发也很重要。这不仅要求体育科技的创新，也需要对公众的需求有更深入的理解和研究。比如，老年人、孩子或残疾人的健身需求和普通人群有所不同，需要设计专门的健身设备和方案。

在创新中，体育行业的规范化和标准化也在不断提高。为了保证新技术、新方法在广泛推广时的安全性和有效性，相关的规范和标准也在不断制定和完善中。这些规范和标准的制定，既推动了体育行业的健康发展，也为公众提供了更优质的服务。

为满足人们的健身需求，新的体育技术和方法的不断出现，正在推动体育行业的创新发展。而这种发展不仅表现在技术和方法上，也表现在理念和制度上。构建健身公共服务体系，既是推动体育科技和创新的重要方式，也是实现体育行业创新发展的重要途径。

（三）有利于扩大体育文化的影响

构建健身公共服务体系的过程不仅是一个推进体育发展的过程，还是一个传播和弘扬体育文化的过程。通过这样的体系，体育文化得以广泛传播，深入人心，这有助于进一步增强民族凝聚力，同时也促进了各种文化的交流。

体育文化是一种包含了体育观念、体育精神、体育规则以及体育行为等多种元素的文化形式。体育文化的影响力并非独立存在，而是通过各种形式深入人心。构建健身公共服务体系的过程，正是一种广泛传播体育文化的过程。在这个过程中，人们可以体验到健康的生活方式，理解和形成体育精神，体验到竞技体育的激情和快乐，同时能体验到休闲体育的轻松和乐趣。

体育具有独特的社会性和群体性，因此，体育文化的传播和弘扬也能增强民族的凝聚力。在健身公共服务体系的框架下，人们共享体育资源，参与各种体育活动，体验团队合作的乐趣，体验挑战自我、超越自我的快感。体育活动中的团队合作、公平竞争、尊重对手等价值观念，对提升参与者的个人素质、培养其团队精神、增强其民族凝聚力都具有重要作用。

健身公共服务体系的建设也有助于文化交流。在这样的体系中，各种形式的体育活动可以让不同的群体有更多的交流和互动的机会，从而促进体育文化的交流与传播。体育活动本身就是一种文化的交流，不同的文化在体育活动中相互碰撞、相互融合，在此过程中得以传播和发展。通过体育活动，人们能够理解和接纳不同的文化，这对社会的和谐稳定具有积极意义。

构建健身公共服务体系的过程是体育文化传播和弘扬的过程，这个过程有助于增强民族凝聚力，还能推动文化交流。体育不仅仅是一种运动，更是一种文化，一种精神，一种生活方式。构建健身公共服务体系，就是让更多的人参与到这种文化的传播与弘扬中，感受这种精神，享受这种生活方式，从而让体育文化更加深入人心。

（四）有利于促进体育事业与经济的融合

构建健身公共服务体系，不仅仅是体育行业自身发展的需要，更是经济社会发展的重要动力。这样的体系可以极大地带动体育旅游、体育赛事、健身培训、体育用品销售等产业的发展，使体育事业与经济发展更加紧密地结合，为经济增长注入新的活力。

首先，健身公共服务体系的建设和发展，可以推动体育旅游业的发展。随着人们生活水平的提高和健康意识的提升，体育旅游作为一种新的旅游形式，正在得到越来越多人的喜爱。越来越多的人选择参加各种体育活动，如马拉松、自行车骑行、徒步旅行等，参与者不仅可以享受运动的乐趣，还可以欣赏到各地的自然风光和人文景观。因此，健身公共服务体系的建设，可以为体育旅游业的发展提供更多的机会和可能。

其次，健身公共服务体系的建设，可以推动体育赛事的发展。举办各种体育赛事可以进一步提高公众的体育热情，也可以推动相关产业的发展。比如，举办各种大型的体育赛事，如奥运会、世界杯等，都可以带动旅游、餐饮、住宿、广告等相关产业的发展，从而对经济增长产生积极的影响。

最后，健身公共服务体系的建设，可以推动健身培训和体育用品销售等产业的发展。随着健身热潮的兴起，越来越多的人需要专业的健身指导和高质量的健身器材，因此，健身培训和体育用品销售等产业也将得到快速发展。

健身公共服务体系的建设，可以带动体育旅游、体育赛事、健身培训、体育用品销售等产业的发展，使体育事业与经济更加紧密地结合，为经济增长注入新的活力。这不仅可以增加就业机会，提高经济效益，还可以丰富人们的生活，提高人们的生活质量，促进社会和谐稳定。这是构建健身公共服务体系的重要意义，也是体育行业未来发展的重要方向。

（五）有利于增加体育行业的就业机会

构建健身公共服务体系将会为社会提供更多的就业机会，特别是在体育行业内。这不仅是因为这个过程需要投入大量的人力资源，包括健身教练、管理人员、设施维护人员等，随着这个体系的构建和发展，与之相关的许多产业也将得到发展，就业市场也将因此得以进一步扩大。

构建健身公共服务体系本身就需要大量的专业人才。例如直接参与健身指导的健身教练，这些教练需要具备专业的健身知识和技能，能够根据个人的身体状况和需求，提供合理的健身指导。又如该体系的管理人员，他们需要具备良好的组织和管理能力，能够保证体系的正常运行。再如专业的设施维护人员，他们需要保证体育设施能正常使用。这些岗位都需要专业的培训和教育，因此，构建健身公共服务体系的过程也将推动体育教育和培训的发展。

随着健身公共服务体系的构建，与之相关的许多产业也将得到发展，这将进一步扩大体育行业的就业市场。例如，健身器材制造和销售，体育营养品的研发和销售，体育赛事的策划和组织等。这些产业的发展，将创造大量的就业机会和推动各类专业人才的培养，如体育营销专业、体育产业管理专业等，从而推动体育事业的发展。

健身公共服务体系的建设，还将带动一些间接产业的发展，如体育旅游、体育赛事中的餐饮和住宿服务、体育赛事的广告和赞助等。这些产业的发展，同样可以创造大量的就业机会。

构建健身公共服务体系，不仅能够直接提供大量的体育行业就业机会，还能间接地通过推动相关产业的发展，扩大就业市场，增加就业机会。这一方面可以缓解社会就业压力，另一方面有助于提高人民生活水平，促进社会和谐稳定。这是构建健身公共服务体系的重要社会价值，也是它对体育行业乃至整个社会的重要贡献所在。

（六）有利于促进体育行业的规范化和标准化

构建健身公共服务体系的过程，必然会涉及大量的标准和规范，以确保服务的质量和效率。这一过程有助于推动整个体育行业向着更加专业化、规范化的方向发展，这是构建健身公共服务体系的一个重要意义。

构建健身公共服务体系需要制定一系列的服务标准和管理规范。这些标准和规范对确保服务的质量、提升服务的效率，以及保护消费者的权益等方面都具有重要的意义。比如，该体系在构建过程中需要制定关于健身设施和器材的安全标准，以防止在健身过程中出现意外事故；需要制定关于健身教练的资质认证标准，以确保教练具有足够的专业能力和道德素质；需要制定关于服务质量的评价标准，以便相关人员对服务进行监督和改进等。

构建健身公共服务体系也将推动体育行业相关技术和方法的标准化。例如，随着健身热潮的兴起，各种健身方法和技术层出不穷，但是这些方法和技术的效果和安全性却缺乏统一的评价标准。在构建健身公共服务体系的过程中，国家有关部门及相关社会组织、机构可以不断完善这些方法和技术的标准，以保证消费者在使用这些方法和技术时的效果和安全。

构建健身公共服务体系还可以推动体育行业的管理和监督机制的规范化。例如，国家有关部门及相关社会组织、机构可以建立健身服务的投诉和申诉机制，以便消费者对不满意的服务进行反馈和申诉；可以建立健身服务的监督和检查机制，以便于对服务的质量进行定期的检查和评估。

可见，构建健身公共服务体系的过程将推动体育行业向着更加专业化、规范化的方向发展。这不仅可以提高体育行业的服务质量和效率，改善消费者的体育健身体验，还可以提高体育行业的社会声誉，推动体育行业健康发展。这是构建健身公共服务体系的重要价值的体现，也是对体育行业发展的重要推动。

二、对于其他行业的意义

构建健身公共服务体系对其他行业也有深远的影响。这些影响主要体现在以下几个方面。

（一）对健康产业的推动

当一个国家或地区成功地构建起健身公共服务体系时，这将对该国家的健康产业的发展产生强烈的推动作用。

健身公共服务体系的出现，能够让更多的人关注自身的身体健康和意识到运动健身的重要性，进而提高他们对健康生活方式的追求。这种趋势将在多个方面刺激健康产业的发展，从而带动相关市场的繁荣和扩张。

1.营养品行业将得到极大的推动

在健身过程中，人们重视合理的营养摄入，这能保证身体得到充足的能量来恢复体力。这会提升消费者对各种营养品，如蛋白质粉、维生素、矿物质补充剂等的需求。健身人群倾向于选择那些科学配比、安全可靠的营养产品，这对营养品制造商来说，既是机遇，也是挑战，这需要他们不断地提升产品的质量和自身的科研能力。

2.健康食品市场也将因此获得更大的发展空间

在追求健康的生活方式的过程中，人们会更加注重食物的营养价值和健康性，因此，符合无添加、低脂、高蛋白、全谷物等条件的健康食品会越来越受到大众的欢迎。这也会促使更多的企业进入健康食品行业市场，推动健康食品行业的发展。

3. 对健康管理服务的需求也将逐渐增大

随着人们对身体健康的重视程度的提升，人们对健康管理服务的需求也将逐渐增大。这包括定制化的健身计划，科学的营养餐设计，以及健康状况的长期跟踪等。这种趋势将带动健康管理服务行业的快速发展，涌现出更多的健康管理服务提供商。

（二）对旅游业的影响

体育和健身活动融入旅游业，将会对旅游业产生深远的影响。在构建健身公共服务体系的背景下，健身的理念已经深入人心，人们在日常生活中乐于参与各种体育活动，这种趋势同样出现在旅游活动中。在这种背景下，体育和健身活动可以成为旅游资源的一部分，为景区吸引游客。

在风景名胜区，将体育和健身活动引入旅游项目中可以使游客的旅游体验更加丰富多元。比如，景区可以设置健身路径，让游客在欣赏美景的同时，也能参与到健身活动中。通过爬山、骑行、跑步等方式，游客不仅能更加亲近自然，同时也能保持活力和健康。而这种健身和旅游的相结合，不仅能满足游客的健身需求，也为他们提供了一种新颖、有趣的旅游方式。

旅游景区可以举办各种户外健身活动，如户外瑜伽练习、太极练习、徒步比赛等，让游客在参观游览的同时，也能享受到健身的乐趣。这样不仅能丰富游客的旅游体验，也可以吸引更多对健身有需求的游客。

与此同时，体育赛事旅游也是将体育和旅游结合的一种重要方式。

比如，举办马拉松比赛、铁人三项比赛等大型体育赛事，可以吸引来自全国乃至全世界的运动员和观众，为当地带来丰厚的旅游收入。举办这样的赛事，不仅可以推广当地的旅游资源，也可以弘扬健康、积极的中华体育精神。

体育旅游产品的开发是旅游业和健身公共服务体系结合的一种形式。比如，开发定向越野、自行车旅行、冲浪等项目相关的体育旅游产品，既可以满足游客的健身需求，也可以带动相关产品和服务的销售。

随着健身公共服务体系的构建，体育和健身活动可以成为各景区重要的旅游资源。设置健身路径、开设户外健身活动、举办体育赛事、开发体育旅游产品等方式，可以丰富各景区的产品和服务，吸引更多的游客，提升游客的旅游体验，同时可以带动相关产品和服务的销售，促进旅游业的发展。

（三）对科技产业的推动

科技产业在健身公共服务体系中发挥的作用不可忽视。以科技为引领，健身服务体系的智能化、个性化以及便利性都将得到极大的提升。通过高科技的手段，健身公共服务体系可以为人们提供更多元化、更个性化的健身服务，从而满足不同人群的健身需求，推动健身公共服务体系的发展。

在健身器材研发领域，科技的发展为其带来了新的可能。先进的材料科学、机械学、电子科学等领域的技术，应用到健身器材的设计与制造中，可以使得健身器材更加人性化、更加安全，还可以使健身活动更加便捷。在健身器材的使用过程中，科技同样能起到关键作用。例如，引入物联网技术可以实现相关负责人员对健身器材使用情况的实时监控，以便其及时发现问题并解决，这可以保证器材的正常运行。

科技行业的发展给健身应用带来了更多机会。智能健身应用的研发，可以让人们在任何地方、任何时间进行健身活动，这打破了地点和时间的限制。在使用过程中，这些应用可以为人们提供健身教程、营养指南、健身计划等多元化的健身服务，让人们在健身的同时，也能得到专业的指导和帮助。此外，科技还可以提升健身公共服务体系的运行效率和服务水平。引入大数据、人工智能等技术，可以实现智能健身应用平台对人们健身行为的深度分析，进而为他们提供更加个性化的健身建议。比如，通过分析人们的运动数据、饮食习惯、身体状况等信息，智能健身应用平台可以为他们制定符合其自身情况的健身计划。这些技术还可以用于对健身活动的评估，它能让人们更好地了解自己的健身效果，以便人们及时调整健身策略。

在线平台的发展，也为健身公共服务体系的构建和完善提供了新的途径。通过在线平台，人们可以随时随地接收到远程健身指导，这打破了时间和空间的限制。比如，健身教练可以通过在线平台的直播、视频教程等形式，为人们提供健身指导。另外，通过在线平台，人们还可以和其他健身爱好者交流经验，分享健身的乐趣。

科技行业在健身公共服务体系中的推动作用不可忽视。无论是健身器材的研发，还是智能健身应用的开发，或者是提升服务体系的运行效率和服务水平，科技都对其具有重要的作用。未来，科技将继续推动健身公共服务体系的发展，以满足人民日益增长的健身需求。

（四）对教育行业的影响

健身公共服务体系的构建对教育行业的影响十分深远。它不仅为教育行业带来了新的发展空间，也引领了教育模式和内容的改变。

健身公共服务体系的构建将大大促进体育教学事业的发展。在人们对健康生活方式的追求越来越高和对健身的需求越来越迫切的情况下，体育教学将会得到更大的重视。各类健身课程、体育健康课程将得到广泛开设，满足大众对健康生活方式的需求。这些课程不仅包括传统的运动技能训练，如球类运动、游泳、瑜伽等，也包括健康知识的教授和生活方式的指导。教育机构可以根据不同年龄段、不同需求的人群，设置相应的体育教学课程，满足公众多元化的健身需求。大众对健身的需求将推动我国对体育专业人才的培养，这意味着社会对健身教练、健身指导员等专业人才的需求将不断增长。各类教育机构，特别是职业教育机构，可以针对这一需求，开设相关专业和课程，如体育知识讲座、体育训练、体育营养等，为健身公共服务体系提供专业的人才支持。此外，教育行业还可以通过开设体育管理、体育营销等课程，培养健身公共服务体系所需的管理和营销人才。健身公共服务体系的构建也需要教育行业的支持。首先，公共健身设施的使用教育十分重要。公众需要知道如何正确、安全地使用各类健身设施，以防止运动伤害的发生。这需要教育行业通过各种途径，如开设课程、举办讲座、发放宣传册等，对公众进行教育。其次，健身知识的普及教育也是必不可少的。公众需要了解健身的重要性，了解正确的健身方法，了解健身与健康的关系，才能更好地参与到健身活动中，这同样需要教育行业的积极参与和推动。

（五）对媒体和文化产业的影响

健身公共服务体系的构建对媒体和文化产业具有深远影响。这一体系的推广和普及依赖于媒体的力量，这可以为文化产业的发展带来新的机遇。

从媒体的角度来看，健身公共服务体系的构建提供了丰富的报道素材。无论是新的健身设施的启用、重大的健身活动的举办，还是关于健身的新研究、新理念，都能吸引广大受众的关注。媒体可以通过报道这些信息，提升自身的影响力和公众的关注度。此外，媒体也可以发挥其宣传作用，向公众普及健身知识，引导公众积极参与健身活动，从而推动健身公共服务体系的建设和发展。

对于文化产业而言，健身公共服务体系的构建不仅为其带来了新的发展机遇，也带来了挑战。随着公众对健身的兴趣和需求的增加，文化产业需要创新内容和形式，以满足公众的需求。例如，文化产业从业人员制作关于健身的电视剧、电影等，发行健身相关的图书和杂志，开发健身类的游戏和应用软件等。这些都可以帮助公众更好地了解和参与健身活动，同时也可以丰富文化产业的内容和形式。

健身公共服务体系的建设也将推动体育文化的传播。体育文化是一种重要的文化形态，它传递了积极健康的生活态度，弘扬了公平竞争的精神。通过健身公共服务体系，体育文化能够更好地传播到每一个角落，影响更多的人。

健身公共服务体系的构建将深刻影响媒体和文化产业。媒体和文化产业不仅在推动健身公共服务体系的构建和发展中发挥重要作用，也将从中获得新的发展机遇。随着体育文化的广泛传播，人们的文化生活将变得更加丰富和多元化。

（六）对环境保护和城市规划的影响

对于环境保护和城市规划来说，健身公共服务体系的构建将对其产生重要影响。

环境保护和城市规划要求人们对公共空间进行优化利用，并规划和建设更多适合健身的场所和设施。这需要城市规划者具有全面的视角，将人们的健身需求纳入城市的总体规划中。因此，公园、绿地、步行街、骑行道、游泳馆、健身房等设施的规划和布局都需要城市规划者认真考虑。

随着健身公共服务体系的构建，更多的健身设施将被建设起来。这些设施不仅需要满足人们的健身需求，还需要考虑到环境的保护和可持续发展。比如，使用环保材料建设健身设施，利用太阳能等可再生能源为设施提供电力，规划绿色的健身路径等。这些都将有助于城市的可持续发展，并提高城市的环境质量。

健身公共服务体系的构建也将促进环境美学的发展。例如，公园和绿地不仅可以为人们提供健身的空间，还可以提供美丽的环境供人们欣赏。美丽的环境又能够吸引更多的人参与健身活动，形成良好的循环。健身公共服务体系的构建还将影响城市的社区规划。例如，社区内的健身设施可以成为社区居民交流的场所，可以促进社区的交流和增强社区的凝聚力，也可以提高社区的居住质量，提升社区的品质和形象。

　　健身公共服务体系的构建将为环境保护和城市规划带来新的挑战和机遇。它需要人们重新思考如何合理利用公共空间，如何规划和建设更加环保、美观、实用的健身设施，如何提高城市的环境质量和居住质量。同时，它也将促进环境的保护和美学的发展，提升城市的品质和形象，增强城市的凝聚力和活力。

第三节　构建健身公共服务体系的社会意义

构建健身公共服务体系的社会意义如下图 2-3 所示。

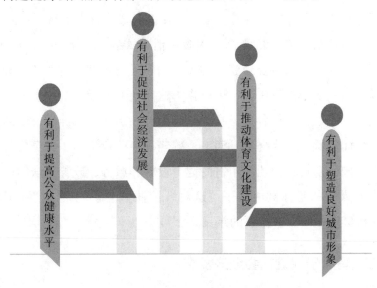

图 2-3　构建健身公共服务体系的社会意义

一、有利于提高公众健康水平

构建健身公共服务体系意味着向公共提供一个全方位、多层次、高效、便捷的健身服务平台，它的存在将为公众带来一种非常便利和丰富的身心锻炼机会。在物质生活日益丰富的今天，人们对健康生活的需求也愈发强烈，一套完备的健身公共服务体系正好可以满足了其需求。

健身公共服务体系能向公共提供各式各样的健身设施和服务，如公园、运动场所、游泳池、健身房等，这些设施多样化、分布广泛，适合不同年龄段、不同身体状况的人群进行锻炼。尤其一些有特殊健康需求的人群，如老年人、孕妇、儿童等，都可以在这个体系内找到适合自己的健身项目和设施。

通过设立一系列健身课程和开展各种健身活动，健身公共服务体系可以引导公众形成正确的运动习惯。这些活动既有大众化的，如晨练、夜跑、健步走等，也有具备一定专业性的，如瑜伽、普拉提、跆拳道等。这样的设计不仅可以使人们在运动中找到乐趣，人们还可以根据自己的喜好和体质选择适合的健身项目，使健身成为日常生活的一部分。

随着人们健康意识的提高，很多生活方式病，如高血压、糖尿病、肥胖等，已经成为威胁公众健康的重大问题。而定期、科学的运动，既可以预防这些疾病的发生，也可以作为这些疾病的辅助治疗手段。健身公共服务体系通过提供各种健身设施和服务，引导公众养成健康的生活方式，从而降低这些疾病的发病率，减轻社会医疗负担。健身公共服务体系可以向公众提供便捷和丰富的健身设施和服务，改善公众的运动习惯，提高人们的身体健康水平，这对维护社会公众健康，增强国民体质，建设健康社会具有重要的意义。

二、有利于促进社会经济发展

健身公共服务体系实际上可被视作一种强大的"经济引擎"，其深远影响力会触动社会经济的诸多领域，助推整体经济发展。这不仅包括直接相关的体育产业，如体育器材制造、健身服务等，还包括间接受益的健康产业、教育产业、科技行业、环保产业等，这将会对整个城市发展有所促进。

在直接相关的体育产业方面，健身公共服务体系的构建将对体育器材制造、体育场馆建设、体育赛事运营等产生积极影响。在器材制造上，公众对多样化、个性化的健身设备的需求会推动体育器材制造业的创新与发展。在场馆建设上，众多健身场所和设施的建设将带动相关建筑、规划等行业的繁荣。此外，一系列健身赛事和活动的举办，将推动体育赛事运营、体育咨询、体育营销等业务的繁荣。

在间接受益的行业方面，健身公共服务体系的构建也会带动健康产业、教育产业等的发展。例如在健康产业上，公众对健康生活方式的追求，将促使健康食品、运动营养品、健康管理服务等方面的业务蓬勃发展。在教育产业上，大众对健身的需求将推动体育教学的发展，如健身教练的培训、体育健康课程的开设等。此外，构建优质的健身公共服务体系还能提升城市的软实力。在城市规划中，公园、健身路径、健身设施等的规划和建设，可以提高城市环境的品质，增加城市的吸引力。这不仅能吸引更多的人才来此工作和生活，而且还能吸引更多的投资者投资相关产业，从而带动城市经济的发展。

三、有利于推动体育文化建设

构建健身公共服务体系能够极大地推动体育文化的发展，提高公众对体育文化建设的参与度，充实公众的体育文化生活。这不仅能够传播积极健康的体育文化，也能对社会风尚产生深远影响，促使更多的人参与体育运动，感受运动带来的快乐，从而提升其生活的品质。

体育文化是社会文化的重要组成部分，健身公共服务体系的构建将极大地促进体育文化的普及和传播。健身公共服务体系不仅为人们参与体育活动提供了丰富的体育设施和服务，也为体育文化的传播提供了更多渠道。举办各类体育活动、普及体育知识、推广健康的运动方式，可以进一步丰富公众的文化生活，提高公众的文化素质。体育活动本身就是一种社会文化现象，它反映了一个社区、一个城市、一个国家的生活方式和价值观。随着公众对体育的热爱程度和参与度的提高，体育活动在社会生活中扮演着越来越重要的角色，成为社会文化的重要载体。这将有利于塑造积极向上、健康活泼的社会风尚，并对公众的价值观和生活方式产生积极影响。同时，体育的公众参与度的提高，也将有利于民族体育文化的传承和发展。民族体育项目是民族文化的重要组成部分，是每个民族独特文化的体现。在构建健身公共服务体系时，我国各地可以通过开设民族体育项目的体验活动，让公众充分接触和了解民族体育，体验其中的乐趣，从而实现对民族体育文化的传承和发扬。构建健身公共服务体系，无疑将对体育文化的普及和传播，对社会风尚的塑造，对民族体育文化的传承和发展，都起到重要的推动作用。这一切都将有力地推动社会文化的进步，丰富公众的精神文化生活。

四、有利于塑造良好城市形象

完善的健身公共服务体系会在一定程度上塑造良好的城市形象，彰显城市的魅力。一个城市，如果能够向人们提供全面的、完善的公共健身设施和服务，无疑会给人留下健康、有活力、积极向上的印象。这样的城市形象不仅能吸引外地游客，也会提高本地居民的生活满意度。

公共健身设施的规划和建设是城市规划的重要组成部分。一个好的城市规划，应当在满足公众健身需求的同时，体现出人文关怀和美学理念。这需要城市规划者将公共健身设施融入城市的自然环境和人文环境中，让其既具有实用性，又具有观赏性和文化性。比如，规划者可以充分考虑公众的运动习惯和健身需求，合理布局各类健身设施；规划者也可以通过合理的布局和设计，使健身设施和城市的自然环境、建筑环境和文化环境相得益彰。公共健身设施的规划和建设是体现城市人文关怀的重要方式。为公众提供免费或低价的健身设施和服务，可以让更多的人参与健身活动，这无疑体现了城市对公众生活质量的关注和对公众健康的关心。这种人文关怀会给人留下深刻的印象，有助于提升城市的软实力。

综上，完善的健身公共服务体系不仅能提供良好的健身环境和服务，也能通过体现人文关怀和美学理念，塑造良好的城市形象，提升城市的魅力和影响力。

第三章 构建高质量全民健身公共服务体系的理论基础与依据

第一节 公共服务理论

一、公共服务理论概述

公共服务理论集合了一系列关于公共服务如何被组织和管理的理论。这些理论从不同的角度和领域（如政治学、公共管理、社会学、经济学）探索和解析公共服务的性质和功能。公共服务理论的核心目标是提高公共服务的效率、效力和公正性，同时保障社会公平、民主和公众参与。

（一）公共服务理论的内涵

在公共服务理论中，几个重要的主题反复出现，包括公共服务的定义、目标、组织方式、投资和资源配置、监管和评估等。公共服务理论也关注如何以满足社区需求的方式提供服务，包括平等地向所有社区成员提供服务，尤其是真正需要服务的人。

公共服务的内容通常包括向公众提供高质量的服务，以满足公众的需求和期望，同时实现经济效益。为了实现这些目标，公共服务必须有明确的组织和管理结构，如可以由政府部门负责管理和提供服务，或者将服务的一部分或全部外包给私营企业。值得一提的是，这两种情况都需要有适当的监管机制，以确保服务的质量、可获得性和公正性。资源配置也是公共服务理论的一个重要组成部分。决定如何投资，哪些服务应得到优先考虑，以及如何公平分配服务，都是公共服务的管理部门需要考虑的问题。公共服务通常要优先满足公众需求，尤其是那些无法自给自足或依赖公共服务的社区成员。此外，公共服务的资源配置还需要考虑效率，即如何以最少的资源投入达到最大的服务输出。

公共服务理论关注公共服务的评估和监管。这包括对服务质量的监测，以及对服务提供者（无论是公营还是私营）的监督和评价。评估和监管机制有助于保证公共服务的质量和公正性，以及公众对公共服务的信任。

（二）公共服务理论的关键要素

公共服务理论的关键要素如图3-1所示，这些要素为公共服务的设计、提供和管理提供了指导。这些元素共同构成了公共服务理论的框架，它们提供了公共服务为何和应如何存在的理解，还提供了如何有效、公正地提供公共服务的策略和方法。

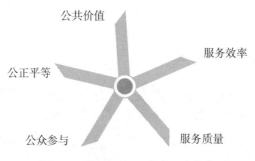

图3-1　公共服务理论的关键要素

1. 公共价值

公共服务的目标之一是创造公共价值。这通常包括提升社会福利、促进社会公正、促进经济发展以及保护公共利益。

2. 服务效率

公共服务需要有效率地运行，以最大限度利用有限的资源。这包括优化服务的提供，以便用最小的成本达到最大的结果。

3. 服务质量

公共服务必须提供高质量的服务，以满足公众的需求和期望。这包括确保服务的可获得性、可访问性、可靠性和适用性。

4. 公众参与

公共服务理论强调公众在公共服务的设计和提供中的作用。这可以通过公众咨询、公众参与决策、社区参与和民主治理等方式实现。

5. 公正平等

公共服务理论强调服务的公正性和平等性。这意味着服务应公平地向所有人提供，不应有任何形式的歧视。此外，公共服务还应尽可能地满足不同社区成员的需求，保证公众平等地享有健身公共服务。

二、公共服务理论是构建高质量全民健身公共服务体系的基础

公共服务理论在构建高质量全民健身公共服务体系中扮演着至关重要的角色。全民健身公共服务体系是为满足公众对健康和健身需求的而构建的一种服务网络及运行机制，它旨在为公众提供方便、有效、可负担得起且能满足各种需求的健身服务。从这个角度来看，全民健身公共

服务体系并不仅仅涉及为公众提供健身设施和资源，还涉及如何有效地组织和管理这些资源，以实现公共利益的最大化。

（一）公共服务理论强调公共服务应当满足社区的共同需求

公共服务理论强调公共服务必须满足社区的共同需求。在健身领域，这个理念在公共服务的设计、实施和管理中起着决定性的作用，旨在确保公共健身服务可以满足所有社区成员的需求，不论他们的身体状况、年龄、性别、经济能力和个人喜好。

理解公众的健康和健身需求是此过程重要的第一步。在健康领域，人们的需求具有多样化特点，这不仅包括身体健康方面，还包括心理健康、营养、休息和恢复等方面。因此，全民健身公共服务体系需要提供一系列的服务和资源，以满足这些不同的需求。

公众的健身需求并不总是静态的，而是会随着社会、技术和人口的变化而变化的。例如，随着老年人对健身的日益重视，其对老年健身服务的需求不断增加，这包括适合老年人的运动课程，也包括为老年人提供的健身设备和设施。随着科技的发展，公众可能会对使用新的健身技术和工具，如虚拟现实健身或移动应用程序有更多的需求和期待。全民健身公共服务体系需要有能力预见和适应这些变化，以确保其服务始终与公众的需求保持一致。

满足公众的健身需求还需要公共服务机构对不同群体的不同需求有深入的理解。这些群体可能包括老年人、儿童、青少年等。这些群体可能有特殊的健身需求或面临特殊的健身挑战，因此可能需要定制的服务或额外的支持。例如，为了满足残疾人的健身需求，社区或健身机构需要提供能满足其健身需求的设施和设备，或者提供专门为残疾人设计的健身课程。

满足公众的健身需求还需要考虑服务的方便性和可访问性。这涉及健身设施的地理位置，开放的时间，以及服务的语言和文化适应性。例如，如果健身设施只在工作时间开放，或者只在城市的某些区域可用，那么一些人可能就无法使用这些设施。为了解决这个问题，社区需要在不同地点建设健身设施，或者在不同的时间提供服务，以便更多的人能够参与健身活动。

公共服务理论强调满足公众的共同需求，这是提供高质量全民健身公共服务的关键。这要求公共服务机构对公众的需求有深入的理解，能够预见和适应需求的变化，对不同群体的多元化需求有敏锐感知，并努力使服务对所有人都方便和可访问。为了满足这些要求，国家相关部门及社会相关组织和机构可以构建一套真正服务于所有人的全民健身公共服务体系，以此提升公众的健康水平，提高公众生活质量，维护社会的和谐稳定。

（二）公共服务理论关注以经济高效的方式提供服务

在公共服务理论的视角下，以经济高效的方式提供服务是至关重要的，这种观念在健身公共服务体系的构建和运行中起到了决定性的作用。在现实中，资源总是有限的，所以公共服务要在资源分配、服务设计、实施和评估的各个环节中，都考虑如何用最少的资源实现最大的效果。

精确地了解公众的健身需求有助于公共服务机构更好地利用资源。例如，某个地区的居民对某种类型的健身服务有很高的需求，那么当地政府可以将更多的资源投入这个领域，以满足其需求。需要注意的是，当地政府要先了解不同的服务和资源对公众健康的影响，再将资源优先分配给那些可以带来最大健康益处的方面。

优化服务的设计和提供可以提高服务的效率。使用智能化的健身设备，或者开发在线健身课程和应用程序，可以提高服务的质量和效率；改进服务的运营和管理可以提高设施的使用率；优化员工的排班和任务分配，或者改进服务的流程和程序，也可以提高服务的效率。

建立合作和伙伴关系有助于实现资源的共享和协同，从而提高服务的效率。例如，政府可以与私营部门、非营利组织等合作，共同为公众提供健身设施或课程。这种合作不仅可以促进资源的共享，还可以利用各方的专长和优势向公众提供更高质量和更多样化的服务。例如，私营健身中心可以提供先进的设施和专业的教练，而非营利组织则可以提供针对特定群体的服务和支持。

科学、及时的评估和反馈有助于提高服务的效果和效率。这包括定期评估服务的效果，可以帮助服务机构了解服务是否达到了预期的目标，是否满足了公众的需求，以及是否有改进的空间。服务机构应认真倾听公众的反馈，了解他们对服务的满意度和建议，并根据这些反馈来调整和改进服务。

（三）公共服务理论强调公共服务的公正性和平等性

公共服务理论在强调公共服务的公正性和平等性时，倡导无论年龄、性别、种族、经济状况或身体能力如何，所有人都应平等地享有健身公共服务。这个理念引导了服务体系的设计和实施，确保没有社会成员被排除在服务之外。

实现全民健身公共服务的公正性和平等性首先需要深入理解社区成员的多样性。社区成员可能有不同的身体状况、文化背景、经济条件以及健康和健身需求。这些差异需要在服务的设计、提供和评估中得到体现。例如，不同年龄的人可能需要不同类型的健身活动或设备，不同文化背景的人可能对健身有不同的观念和习惯，不同经济条件的人可能对服务有不同的经济承受能力。因此，全民健身公共服务体系需要能够为社区成员提供多样化的服务，以满足不同群体的需求。

为了确保服务的公正性和平等性，服务机构可能需要采取多元化的策略和程序，以确保那些最需要服务的人能够获得服务。例如，为了服务低收入家庭，服务机构可以提供其负担得起的或免费的健身服务，也可以通过提供经济援助或奖励的方式来鼓励他们参加健身活动。为了服务残疾人，服务机构可以提供能满足其健身需求的运动器材。

公共服务的公正性和平等性需要在服务的提供和管理中得到体现。这涉及服务的地理分布、服务的开放时间、服务的语言和文化适应性以及服务的质量和标准几个方面。例如，如果服务只在城市的某些区域可用，或者只在某些时间提供，那么一些社区成员可能就无法访问这些服务。全民健身公共服务体系需要在社区的不同地点提供服务，或者在不同的时间提供服务，以便让所有人都能方便地访问服务。在评估服务的公正性和平等性时，评估人员需要收集和分析关于服务使用和效果的数据，并按照不同的社区群体进行分析。这可以帮助该体系的负责人员发现服务是否存在不公正或不平等，以及是否有需要改进的地方。此外，该体系的负责人员还需要倾听社区成员的声音，理解社区成员对服务的经验和感受，以便从社区成员的角度出发，提高服务的公正性和平等性。

（四）公共服务理论关注服务的质量和可持续性

公共服务理论关注服务的质量和可持续性。在全民健身公共服务体系中，这意味着该体系需要持续提供高质量的服务，并确保有足够的策略和资源来维持和改进服务。

服务的质量应涵盖服务的各个方面，包括服务的有效性、安全性、可接近性、及时性、效率、公平性和人性化。这些质量维度都需要在服务的设计、提供和评估中得到体现。例如，有效性涉及服务是否能够实现预期的目标，如提高公众的健康状况和健身水平；安全性涉及服务是否能够保证公众的安全，如设施的安全性和教练的专业性；可接近性和及时性涉及服务是否容易和方便地被公众使用，如设施的地理位置和开放时间；效率涉及服务是否以最少的资源和时间实现最大的效果；公平性涉及服务是否对所有人公平和平等；人性化涉及服务是否尊重公众的需求和选择，如举办多样化的活动和提供多个类型的健身器材。

服务的可持续性涉及服务是否有足够的资源和机制来维持和改进。这包括财务资源、人力资源、设施资源以及管理和政策支持。例如，财务资源包括服务的资金来源和资金支持的稳定性，如政府预算、用户费用、捐赠和赞助；人力资源包括服务的员工和志愿者，如他们的数量、质量和组织结构的稳定性；设施资源包括服务的设备和场所，如它们的数量、质量和可用性；管理和政策支持包括服务的领导、文化和政策环境，如他们是否支持服务的质量和可持续性。

服务的质量和可持续性需要通过定期的服务评估和改进来保障。这包括定期收集和分析关于服务效果和满意度的数据，以了解服务的效果和问题，以及需要改进的地方。此外，该体系的相关负责人还需要倾听公众的反馈和建议，因为公众是服务的直接用户和受益者，他们的经验和感受是评估和改进服务的重要依据。

第二节　社会公平理论

一、社会公平理论概述

社会公平理论不仅为心理学家和研究者提供了一个解读人类社会行为的重要工具，还为管理者、教育者和普通人提供了理解和应对公平问题的视角。

（一）社会公平理论的内涵

社会公平理论，也叫亚当斯公平理论（Equity Theory），起源于 20 世纪 60 年代，由美国社会心理学家 J.S. 亚当斯提出。这一理论主要研究个体在社会交往过程中，如何评价自己的投入与获得、与他人的投入与获得之间的关系，从而对待遇公平性产生满意或不满意的感受，并据此调整自己的行为。

社会公平理论的核心思想包括如下几个方面：一是投入与产出，人们总是计算自己的投入与产出之间的比率，并比较自己与他人的这一比率是否相等。投入可以是时间、努力、能力、经验等，而产出可以是薪水、奖励、晋升或其他形式的认可；二是公平感知，当个体感觉自己的投入产出比率与所参照的人的比率相等时，他们会觉得公平。如果这两个比率不相等，那么个体就会产生不公平的感觉；三是不平衡与调整，当存在不公平感时，个体会采取行动试图恢复平衡。这些行动包括增加或减少投入、寻求更多的回报或调整自己的期望；四是参照对象，个体通常会选择一个或多个参照对象进行比较。这些对象可以是同事、朋友或其他任何与自己处于相似情境的人；五是变量因素，社会背景、文化差异和个人经历都可能影响到公平感的形成。例如，在某些文化中，团队成功高于个人成功，因此，团队中的每个成员可能更注重整体的公平性，而不是个人的公平性。

社会公平理论在许多领域都有应用，尤其在人力资源管理、组织行为和领导力研究中。了解员工如何看待公平问题可以帮助管理者更好地制定奖励制度、决策流程和团队互动。例如，如果员工认为他们的努力没有得到适当的回报，或者与其他员工相比受到不公平的待遇，他们可能会降低工作效率、缺乏工作动力或产生离职的念头。因此，保持公平性至关重要。

社会公平理论是关于人们如何评价、比较和应对公平问题的理论。其核心观念是个体会对自己的投入和产出进行比较，并与他人的比率进行比较。如果存在不公平感，他们可能会采取行动来恢复平衡。理解这一理论可以帮助组织和管理者创建更加和谐、公正的工作环境。

（二）社会公平理论的关键要素

社会公平理论的关键要素包括投入、产出、投入产出比等内容。

1. 投入

在人与人之间的各种社会交往中，投入始终是一个中心话题。社会公平理论特别强调了这一概念，因为它直接关系到人们如何评估自己在各种关系中的地位和得到的回报。

在社会公平理论中，投入被定义为个体为达到特定目标或获得某种预期结果而付出的资源、精力、时间和行动等成本。这些投入有时是有形的，如金钱或实物；有时是无形的，如时间、精力、情感或思考的深度。投入通常是个体预期在未来获得某种回报或满足某种期望的基础。例如，假设在一个简单的工作场景中，一个员工为公司工作，每天付出其时间、技能和知识。这些都是有形的投入。他同时也付出了情感和思考，当工作中出现挑战或困难时，他还要承受压力和焦虑，这些都是无形的投入。对于这些投入，他期望得到公正的薪酬，职业发展的机会，以及同事和上司的认可和尊重。

当然，投入并不总是与预期的回报相匹配。有时，人们可能感觉他们为某事付出了太多，但得到的回报太少；而有时，他们可能会觉得付出很少，但得到的回报却很多。这种不平衡是造成人们对公平性发出疑问的主要原因。每个人对投入的定义和评价都不同。一些人比较重视物质投入，而另一些人则可能更加看重时间或情感投入。社会文化背景、教育经历和个人价值观都可能影响一个人对自身的投入的看法和评价。投入与人的期望紧密相连。人们基于自己的投入建立了某种期望，这些期望与他们的满足度和幸福感息息相关。如果期望得到满足，人们会感到高兴和满意；反之，人们则可能会感到失望或感觉受到了不公平的待遇。

投入是社会公平理论中的一个核心概念，它反映了个体在社交、职业和其他关系中的付出和期望。通过深入了解投入，人们可以更理性地看待他们的关系和他们所处的社会环境，以及理解人们为什么会对某些情况产生满意或不满的感觉。

2. 产出

在人类社会的各个层面上，产出始终被看作是个体、组织或团体因投入而获得的某种形式的回报或奖赏。这种回报不仅可以是物质，还可以是人在情感、精神和社交方面得到的满足。

对员工而言，在一个组织或企业的背景下，产出的概念通常与员工的工作绩效和其受到的奖励直接相关。这里的产出可以是月薪、年终奖金、晋升的机会、职位的提升、更好的工作条件或其他与职业有关的好处。但产出的概念远不止这些。对于许多员工来说，被上司或同事认可，获得工作成就的满足感，或是知道他们的工作对组织产生了正面影响，这些无形的奖励同样重要，甚至在某些情况下可能对其职业生涯有更重要的意义。

将视角扩大到社会和日常生活，产出的形式就变得更加多样和复杂了。在人际关系中，人们为友情、亲情或爱情付出时间、情感和其他资源，期望的产出是快乐的时光、情感的回应、稳定的关系或深层次的情感连接。在社区或团队中，人们可能会投入时间和努力为公共事业或团队目标服务的行为、精力，期望的产出则是社区的进步、团队的成功或从中得到的满足和成就感。

产出的价值并不总是可以量化的，尤其是在非物质的方面。例如，一个人参与志愿者工作可能得到的不是金钱，而是得到了满足感、新的友谊和为社会作出贡献的自豪感。同样，在家庭中，父母为子女的教育和成长付出了努力和资源，期望的产出为子女健康成长、取得成就和成为有责任感的公民。

然而，与投入一样，产出也是相对的。人们对产出的评价和满足度是基于他们的期望、经验、价值观和所处的文化背景而言的。例如，对于一些人来说，获得公开的表彰或奖励可能是最有价值的产出，而对另一些人来说，私下的认可和感谢可能更为重要。

在某些情况下，个体期望的产出和实际获得的产出之间可能存在差距。当这种差距过大时，个体可能会感到失望、不满或认为自己受到了不公平的对待。这强调无论在工作、社交还是其他关系中，确保产出与投入之间的平衡都很重要。

3. 投入－产出比例

投入－产出比例这一概念深深地植根于个体对公平性的基本认知中，它对个体理解个体如何评估自己在社交、职业和各种社会互动中的地位及待遇至关重要。这个比例并不仅仅是一个简单的数学比率，而是一个深入人心的感知。这种感知来源于个体的内在评价："我"为这个关系、这个项目或这个目标付出了多少？相对于"我"所付出的，"我"获得了多少回报？这种感知直接影响个体的满足感、忠诚度和投入度。

为了形成这种感知，人们通常会有一个参照标准，或者称之为"参照他人"。这些参照他人可能是同事、朋友、同龄人或任何其他与自己处于类似情境的人。例如，在工作环境中，一个员工可能会与同一职级或同一岗位的其他员工进行比较，来判断自己的薪水、福利和晋升机会是否公平。

当个体感觉到自己的投入－产出比例与参照他人的比例相似或更有利时，他们通常会认为自己受到了公平的待遇。但当这个比例偏离其期望时，如投入过多但产出很少，或者与参照他人相比得利较少时，他们可能会感到不满、被剥削或不被尊重。

值得注意的是，这种感知并不总是完全基于客观事实，它可能受到个体的价值观、信仰、经验和文化背景的影响。有些人可能更倾向于强调物质回报，而另一些人则可能更看重非物质的产出，如认可、满足感或情感连接。投入－产出比例并不是固定的。随着时间的推移，个体的期望、需要和价值观可能会发生变化，这会导致他们对公平性的评价也发生变化。例如，年轻员工可能最初更看重薪资增长和晋升机会，但随着年龄和经验的增长，他们可能更加重视工作与生活的平衡、工作环境或同事关系。

投入－产出比例是个体评估自己所在环境公平性的核心工具。为了建立和维护公平的关系，组织和团体需要密切关注成员的这种感知，并努力确保每个成员都感到被公正对待。个体应认识到，真正的公平感超越了简单的投入和产出，更多地关注人与人之间、人与组织之间的互相尊重和理解。

二、社会公平理论是高质量全民健身公共服务体系的基础

社会公平理论是高质量全民健身公共服务体系的基础，因为它涉及服务的接受者如何感知和评估他们所获得的健身服务与他们的期望、需求和付出之间的关系。在当代社会中，健身是一个涉及身体、心理、社会和情感等多个方面的概念。当谈到公共服务体系，特别是与健康和健身有关的方面时，人们需要考虑的不仅是设备、课程或教练的提供，还包括如何确保每个人都有公平的机会参与、受益并为之付出。

（一）需求的多样性

随着经济全球化和技术的快速发展，人们的生活方式、价值观和文化背景也愈发多样化。在这样的时代背景下，需求的多样性不仅仅体现在人们的饮食、服饰或娱乐选择上，更明显地反映在人们对健身和健康的态度和对健身方式的选择上。

不同的生活经验、职业背景、家庭状况以及身体条件都可能导致人们对健身的需求产生巨大的差异。例如，一位办公室职员可能更关心如

何改善久坐带来的颈椎、腰背问题；一位专职妈妈可能更关注如何在繁忙的家务劳动和照顾孩子中找到短暂的锻炼时光；一位退休的老人可能希望找到一种既能增强身体健康，又能促进社交的活动。

这种多样化的需求背后，蕴含着更深层次的社会变化，反映了人们对生活质量的追求。健身不再仅仅是为了保持身材或增肌塑形，它已经成为人们追求健康、延缓衰老、提高生活质量、增强自信、缓解心理压力、培养社交技能、找到归属感甚至实现个人价值的途径。例如，现代都市中的快节奏生活使人们承受很大压力，因此放松和冥想类的健身活动，如瑜伽、太极和冥想受到了很多人的欢迎。这些活动不仅可以帮助人们缓解压力，还能增强人们的心灵力量，为人们提供一个沉静思考、与自己对话的机会。

与此同时，个体的健康问题也可能对其健身需求产生影响。例如，对于患有关节炎的人来说，游泳或水中健身可能是最佳选择，因为水的浮力可以减少运动时关节受到的压力。社交因素是一个不可忽视的部分。健身房、舞蹈班、马术俱乐部或徒步小组等都为人们提供了一个与他人互动和交流的平台，使健身变得更加有趣和有意义。

高质量的全民健身公共服务体系必须考虑不同人群的多样化的需求。这意味着该服务体系不仅要提供多种多样的健身项目和设备，还需要有专业的教练、灵活的时间表、合理的价格和便利的地点。同时，为了确保每个人都能获得适合自己的服务，该服务体系还需要积极收集用户的反馈，持续创新和改进。多元化的社会背景不仅为公共健身服务体系带来了挑战，也为其提供了无限的机会。只有真正了解和满足每个人的需求，人们才能建立起一个真正高质量、全面的公共健身服务体系，让更多人享受到健康、快乐的生活。

（二）感知的公平性

感知的公平性对人们的满意度、参与意愿以及长期的忠诚度至关重要。在公共健身服务领域，感知的公平性通常与几个关键因素密切相关。

首先，费用和服务的价值要相互匹配。例如，一个人如果花费了高额的会员费，他期望能够使用顶级的设备、获得专业的教练指导和享受舒适的环境。如果这些期待得不到满足，他可能会觉得自己被剥削，即使他与非会员相比享有了更多的优惠和权益。

其次，时间是另一个关键因子。时间对许多人来说是非常宝贵的，特别是在忙碌的都市生活中。例如，一个人投入了大量的时间参与健身活动，却发现教练经常迟到、课程时间安排不合理或频繁变动等问题，这会使他认为自己的时间被浪费了。

最后，个人的努力和付出不能被忽视。例如，一个人在健身中付出了极大的努力，却没有看到期望的效果，或者感觉自己的努力得不到教练和同伴的认可，他可能会感到沮丧和不满。这种感觉可能会导致他放弃继续参与，或者对整个公共健身服务体系产生负面的看法。

这些感知的公平性问题都与社会公平理论中的"投入——产出比例"紧密相连。当人们感觉自己的投入和所获得的产出不成比例时，他们可能会感到不公平，这将导致他们对服务提供者产生不信任感，减少再次消费的意愿，甚至进行负面宣传。因此，为了向人们提供高质量的公共健身服务，服务提供者不仅需要关注服务的实际质量，还需要深入了解和满足客户的期望，确保他们感到自己的投入得到了合理的回报。这包括提供合理的价格、高效的时间管理、有效的健身计划和专业的指导。

（三）参与的公平性

参与的公平性是构建包容性和公平性健身社区的重要组成部分。这种公平性不仅意味着向所有人提供物理上的入场权限，还意味着确保每个人都能在公共健身服务中获得价值和成果。服务提供者对这一观点进行深入的理解并针对性地采取措施，将有助于确保健身服务真正服务所有人，而不仅是某些特定的群体。对许多人来说，费用是参与公共健身服务的主要障碍。其中不仅包括是会员费，还有其他相关费用，如交通、课程和服装等。为了解决这个问题，服务提供者可以采取灵活的收费制度，根据被服务人员的家庭收入设置不同的价格。服务提供者还可以与企业和社区团体合作，以提供赞助或奖学金的方式帮助有需要的人获得健身机会。为了确保农村或偏远地区的居民也能受益于公共健身服务，相关部门或组织、机构可以考虑通过建立移动健身中心、提供虚拟健身课程或与当地的学校和社区中心合作等方式向这些地区的居民提供服务。

参与的公平性不仅仅是向人们提供物理入场的权限，更多的是确保每个人都能在公共健身服务中获得实际的好处和价值。通过深入了解各种障碍和需求，并采取有针对性的措施，公共健身服务提供者可以确保他们的服务真正地服务于所有人，从而构建一个更加包容和公平的社区。

（四）透明的交流

透明的交流在任何公共服务中都是至关重要的，在公共健身服务体系中，这一点更为显著。公共健身服务的目的是保障每一位参与者的身体健康和精神愉悦，因此每位参与者都希望得到明确、真实的信息，以确保自己在安全、有效地进行健身活动。

透明的交流可以确保公平感。如果公共健身服务的管理者和使用者之间的信息不对称，使用者可能会感到被忽视或受到不公平对待。例如，如果某个服务的费用上涨，而使用者不知道其背后的原因，他们可能会感到受骗或被剥削。但如果这种费用增加是因为购买了新设备或者扩大了教练团队，那么在明确传达这些信息后，使用者可能会更加理解并接受这种变动。

透明的交流有助于明确地传达服务的价值、成本和效果。公共健身服务不仅是提供健身的场所，它还应该为使用者提供健康知识、锻炼技巧等各种与健身相关的服务。因此，管理者应该向使用者明确地解释，他们付出的费用不仅仅是租用健身设备的费用，还包括这些附加值。同时，管理者也应该告诉使用者，为了维护和更新这些设备和服务，需要一定的成本，这也是费用中的一部分。这样，使用者就能明确知道自己付费的价值所在，更愿意支持并使用这些服务。

公共健身服务应该真实地传达其服务效果。比如，健身中心开设了一个新的课程，该课程声称可以帮助参与者在短时间内达到某种效果。那么，管理者就应该明确告诉使用者，这种效果是基于何种数据、研究或经验得出的，而不是简单地进行宣传。这不仅可以增加使用者的信任度，还可以让他们更有目的地、科学地进行健身。鼓励用户提供反馈和建议是确保服务质量和持续改进服务质量的关键。使用者是公共健身服务的直接受益者，他们的体验、感受和需求应该被高度重视。因此，管理者应该为使用者提供方便的反馈渠道，如意见箱、在线调查或者直接的面对面沟通。并且，管理者还应该定期举办用户论坛或座谈会，以此听取用户的声音，了解他们的需求和建议，从而持续改进服务。

透明的交流是公共健身服务体系和使用者之间建立信任的桥梁，它能保障使用者的公平感，还能推动服务的持续改进。只有真实、明确的交流，才能确保每个使用者获得最大的利益，同时确保公共健身服务体系的可持续发展和进步。

第三节 环境保护理论

一、环境保护理论概述

环境保护理论探讨了为保护和改善生态环境、维护生态平衡以及确保持续发展所需的观点、原则和方法。在全球化和工业化的背景下，环境的恶化已引起了人们的广泛关注。为了践行这一理论，人类与自然环境之间应深刻联系和互动。生态系统被视为一个复杂的、动态的整体，其中各个部分相互关联和影响。任何对其的干扰，如过度的资源开发或污染，都可能导致不可预知的后果。人类的生存和发展需要有稳定的生态系统的，为此，可持续发展原则应运而生。可持续发展原则旨在在经济、社会和环境之间找到一个平衡点。这意味着人们在寻求经济增长的同时，也必须确保资源被合理使用和环境得到保护。污染控制是环境保护的另一关键议题，这需要人们从源头上减少污染的产生，要求人们采用更清洁、高效的技术，以确保环境的长期健康。同时，为了维护生物多样性，人们必须保障各种生物的生存和繁衍，因为它们对生态系统的稳定运行起着至关重要的作用。环境伦理观要求人们重新审视人与自然的关系，做到尊重和珍视自然，认识到人类的生存和福祉与环境健康是密不可分的。预防性原则则呼吁人们在行动之前预见和避免潜在的环境风险。

二、环境保护理论是高质量全民健身公共服务体系的基础

在构建高质量全民健身公共服务体系的过程中，环境保护理论扮演着至关重要的角色。健身活动与环境是紧密相连的，构建良好的自然环境是举办每一项体育活动的前提条件。环境保护理论不仅关注生态平衡与可持续性，更强调人与自然的和谐共生。在全球气候变化和环境问题日益严重的当下，将环境保护融入健身公共服务体系的构建中，不仅符合个体对健康的追求，更反映了人们对整个社会和自然环境的负责。环境和健康之间的紧密关联使环境保护理论成为构建这一体系的坚实基石。

（一）绿色环保的场所为人们提供高质量的健身环境

绿色环保的场所对构建高质量的健身环境至关重要。"绿色环保"意味着一个地方既注重可持续性、减少污染，又能为生物多样性提供空间。这种场所能够为人们提供对身心都有益的健身环境，有以下几点原因。

绿色环保的场所往往拥有清新的空气。人在进行户外运动时往往需要大量新鲜空气，清洁的空气对于高效锻炼是非常重要的。如果一个地方的空气没有受到污染物、化学物质或其他有害物质的影响，那么它就能提供给人一个更健康、更有益于呼吸的环境，这对人们进行有氧运动和其他形式的锻炼来说是非常重要的。这样的场所为人们提供了与自然连接的机会。绿色场所通常有丰富的树木、植物和其他自然特征，为人们提供了放松和恢复的机会。这种与自然的联系已被证明能够使人降低心率、降低血压、减轻焦虑和压力，并有助于改善人的心情。

绿色环保的场所适合人们进行多种形式的锻炼。人们可以在这样的场所进行跑步、散步、瑜伽、冥想或其他形式的锻炼。这种多样性的健身环境不仅适合进行身体活动，还有助于心灵的滋养和恢复。

绿色环保的场所能增加人们对社区的归属感。人们往往更容易在绿色场所与他人交往，结交朋友，建立社区联系。这种社交互动本身就是一种锻炼，它对人的身心健康都有益。

绿色环保的场所为人们提供了一个高质量的健身环境，这不仅仅是因为它提供了干净的空气，更是因为它提供了多样化的锻炼机会、社交互动的场所和滋养心灵的良好空间。人们应该珍惜和保护这些场所，确保它们能够继续为人们和未来的几代人提供健康和幸福。

（二）绿色环保的理念为人们营造更加浓郁的运动氛围

近年来，绿色环保的理念越来越深入人心，其影响远远超出了简单的自然保护和污染控制的理念和要求，它为当代社会带来了一种新的生活方式和思考模式。特别是在健康和运动领域，绿色环保的理念为人们营造了更加健康的运动氛围。

绿色环保的理念强调人与大自然的和谐共生。这种和谐不仅体现在保护环境上，还体现在人们日常生活中的诸多方面，如选择交通工具等。运动作为一种回归自然、放松身心的方式，与绿色环保的理念完美契合。越来越多的人选择进行户外运动，如徒步、骑行、爬山等，享受与大自然的亲密接触。

随着人们绿色环保意识的提高，人们对自己的身体健康和生活质量也有了更高的要求。健康成为身体、心灵和社会的完全健康状态。运动作为提高身体健康水平、增强心肺功能、减轻心理压力的有效方式，被越来越多的人所接受和喜爱。

绿色环保的理念也为运动带来了新的动力和创意。例如，环保马拉松、绿色徒步、清洁海滩等活动都与绿色环保的理念相契合，这些运动既能使人锻炼身体，又能使人传播绿色环保理念，还能鼓励人们参与环境保护。绿色环保的理念也推动了运动产业的发展。许多运动品牌开始推出环保系列产品，如使用可回收材料制成的运动鞋、衣服等，这些产品不仅环保，还兼具时尚和功能性。

更重要的是，绿色环保的理念鼓励人们建立起一种积极、乐观、向上的生活态度。运动作为一种提高生活质量、维护身体健康的方式，与这种生活态度完美契合。人们在运动中寻找乐趣、挑战自我、超越极限的精神与绿色环保理念中追求和谐、平衡、可持续发展的目标相得益彰。

绿色环保的理念不仅为人们提供了一种全新的看待世界和生活的方式，还为人们的运动生活注入了新的活力和灵感。在这个理念的指引下，人们不仅能够更好地保护环境，还能够享受更加健康、充实和有意义的运动生活。

（三）可持续发展成为全民健身公共服务体系构建的重要原则

可持续发展是当前全球亟需关注的议题，它关乎每个人的未来和福祉。这一理念强调经济、社会和环境三个维度的平衡发展。近年来，随着健身和运动逐渐成为现代生活的重要组成部分，可持续发展的理念逐渐渗透到了全民健身公共服务体系的构建中。

全民健身公共服务体系的构建涉及多个方面，包括基础设施、健身活动组织、运动员培训、教育普及以及与社会大众的互动等。将可持续发展作为其构建的重要原则，不仅对体系本身具有深远意义，还对更大范围的社会环境产生积极影响。

从基础设施建设来看，可持续性意味着更加高效的资源利用和长远的规划。例如，新建的体育场馆应该考虑使用环保材料、节能技术和可再生能源。雨水收集、太阳能发电以及自然通风和采光系统都应成为该体系基础设施建设的一部分。这样不仅可以减少运营成本，还能为社区创造一个绿色、健康的健身环境。

对于健身活动的组织来说，可持续发展原则也至关重要。这涉及如何组织大型运动活动，如何降低这些活动对环境的影响，如何引导人们采用健康、绿色的生活方式。对此，健身活动的组织者可以鼓励人们骑自行车或步行参加活动，减少私家车的使用；提供健康、有机或当地生产的食品作为活动食品，减少食品浪费等。

运动员培训和教育普及是全民健身公共服务体系的重要组成部分。可持续发展原则要求教练员对运动员进行全面的教育，这不仅包括技能训练，还要培养他们的环保意识和社会责任感。此外，全面健身公共服务体系应通过各种渠道，如学校、社区和媒体等，向人们普及健康、绿色的生活方式和运动观念，鼓励更多的人参与到健身运动中来。

与社会大众的互动是全民健身公共服务体系的主要任务之一。可持续发展的原则要求其互动不仅要满足当前的需求，还要考虑到未来的发展。这包括鼓励社区居民参与体系的设计、建设和管理，为未来几代人创造一个健康、和谐的环境。

可持续发展已经成为全民健身公共服务体系构建的重要原则。在这一原则的指导下，人们不仅能够为社区创造一个健康、绿色的环境，还能够为未来几代人留下宝贵的遗产。

第四章　构建全民健身公共服务体系的运行机制

第一节　设施规划

一、目标明确

构建全民健身公共服务体系的目标是为所有人群提供健身和体育活动的平等机会，从而提高整体的国民健康水平。

在 21 世纪，公共健康问题逐渐凸显，这包括肥胖、慢性病等。而科学研究不断证明，积极进行身体锻炼对预防和治疗这些疾病具有重要的作用。因此，为了提高民众的健康水平和生活质量，各国政府和社会组织开始关注全民健身，其中的关键就是构建有效的全民健身公共服务体系。全民健身公共服务体系的建设要明确以下目标。

第一，要普及体育健身知识，让每个公民都了解健身和体育活动对健康的重要性，使人们知道如何选择合适的运动方式，以及如何安全、高效地进行锻炼。

第二，要向居民提供便捷的健身场所和设施，使人们无论在城市还是乡村，都能够方便地找到进行体育锻炼的场所和设施，而且这些设施应该是安全的、现代化的。

第三，要推广各种形式的体育活动，这不仅包括传统的体育项目，还包括现代的、受到年轻人欢迎的项目，如瑜伽、舞蹈、健身操等。

第四，要促进体育社团和组织的发展，鼓励民众参与各种体育组织，如健身俱乐部、运动队、户外探险团队等，这样可以增强人们的团队合作意识，培养人们的体育精神。

第五，要与医疗健康系统相结合，鼓励医生和医疗机构为患者提供体育锻炼建议和方案，这可作为健康管理和疾病预防的一部分。

第六，要持续的投资和资金支持，政府和企业应该为体育健身公共服务提供稳定的资金支持，用于场地建设、设备购买、人才培训等。

第七，要强化法规和政策支持，国家应出台相关法律法规，保障人们的健身权益，推动体育健身产业的健康发展。

第八，要关注特殊人群的需求，如儿童、老人、残疾人等，为他们提供特定的健身服务和项目。

第九，要培训和引进专业人才，这一目标可以通过对健身教练、体育教师等进行专业培训，提高他们的服务水平来实现。

构建全民健身公共服务体系不仅可以提高人们的身体健康水平，还可以促进社会和谐、增进民族凝聚力。这需要全社会共同努力，明确目标，制定策略，持续投入，确保每个人都能享受到健康、便捷的体育锻炼。

二、现状评估

在构建全民健身公共服务体系之前，评估当前的现状是至关重要的。这不仅能够帮助人们了解现有资源和基础，也可以让人们明确哪些领域亟须改进和加强。

要认识到健身与体育不仅仅是关于身体健康状况的活动。它们涉及社会、文化、经济、环境等多个维度。"全面"的健身公共服务体系指的是一个能够为所有人提供机会、资源和支持的体系，该体系让他们能够进行规律、有意义和安全的身体活动。

从国家层面上看，当前的健身和体育服务已经形成了一个相对完善的网络。在很多城市中，公园、体育场馆、健身中心、运动社团等为市民提供了丰富的健身选择。然而，这些资源在不同地区、不同群体之间的分布并不均衡。无论城市居民还是乡村居民，无论男性还是女性，无论老年人还是青少年，他们的健身需求和机会都存在很大的差异。

公众对健身和体育的认知和态度也影响了他们参与的意愿和方式。尽管越来越多的人认识到了锻炼的重要性，但仍有一部分人因为种种原因，如时间、经济、文化、身体条件等，没有参与到规律的身体活动中。对于这些人，全民健身公共服务体系需要提供更有针对性的服务和支持，帮助他们克服障碍，使他们享受健身的乐趣。与此同时，健身和体育产业的发展也对全民健身公共服务体系提出了新的要求。新的运动项目、设备、方法、技术等的不断涌现需要专业的人才、设施和管理来支持。如何将这些新元素融入公共服务体系中，使其更加丰富、高效、科学，是一个值得深入探讨的问题。

从更广泛的角度看，健身和体育与人们的生活环境、文化、经济、教育等多个领域紧密相关。城市的规划、交通、绿化、文化活动、教育课程、企业福利、媒体宣传等，都可以为健身和体育创造更好的条件和环境。这就需要各个部门、机构、组织的合作和协同，共同推动全民健身公共服务体系的建设。

评估现状是构建全民健身公共服务体系的前提。只有深入了解我国开展全民健身公共服务活动的优势、劣势、机会和威胁，才能制定出切实可行的策略和计划。而这一过程需要工作人员广泛地收集数据、信息、意见和建议，利用科学的方法进行分析、评估，确保每一步都是在坚实的基础上迈出的。

三、需求预测

构建全民健身公共服务体系的一个重要功能是需求预测。对未来的需求进行深入的了解和预测，可以确保资源和策略的正确配置，并且能够有针对性地满足不同人群的健身需要。

在当今社会，健康和健身已经成为全球关注的热点。随着生活节奏的加快和工作压力的增大，越来越多的人开始通过锻炼来释放压力、强身健体。随着科技的发展和社交媒体的普及，新的健身趋势和体育文化也在不断地涌现和传播。

预测未来的需求首先要基于对现有情况的深入了解，对各种健身活动的参与率、健身设施的使用情况、健身相关的消费行为等进行数据分析，为预测提供有力的依据。另外，需求预测还需要对于不同地区、不同人群、不同年龄段的特定需求进行细致的研究。

科技和数字化是未来发展的重要驱动力。随着虚拟现实、增强现实、可穿戴技术等的发展，未来的健身体验可能会更加个性化、互动化和智能化。例如，可穿戴设备可用于监测用户的健康数据，为其提供个性化的锻炼建议和方案；虚拟现实技术可为用户创造沉浸式的锻炼环境。这些新技术将为公共健身服务提供更多的可能性和选择。

文化和生活方式的变化也会影响人们的健身需求。随着人们对身体健康和形象的重视，健身和运动可能会从一种娱乐和锻炼的方式，转变为一种生活态度和文化。这意味着公共健身服务不仅要向人们提供锻炼的场所和设施，还要提供与之相关的文化、社交、教育等多种服务。

环境和可持续性是未来发展的另一个重要方向。随着对环境问题的关注和对可持续发展的追求，公共健身服务可能会更加注重环保和绿色健身的理念。例如，采用可再生资源和环保材料建设健身设施，推广绿色健身理念，鼓励户外和自然运动等。另外，经济全球化也会为公共健身服务带来新的机遇和挑战。随着人口流动的增加和文化交流的加强，不同地区、不同文化的健身理念和方法可能会在全球范围内传播和融合。这意味着公共健身服务要更加开放和包容，满足不同人群的多元化需求。

需求预测是构建全民健身公共服务体系的关键。只有对未来的需求有了准确的预测，才能确保策略和资源的正确配置，更好地满足人们的健身需要。而这一过程需要相关人员对多种因素进行深入的研究和分析，确保每次预测都基于充分的数据和理论依据。

四、优化布局

在构建全民健身公共服务体系的过程中，优化布局是关键。布局是否具备合理性、科学性与前瞻性决定了体系能否满足广大民众的需求，这将对未来健身产业的持续、健康发展产生深远影响。

优化布局首先意味着要确保公共健身设施和服务在地域上的均衡分布。无论是大城市还是小镇，各个城市和地区都应享有公平的健身资源和机会。公共健身服务是提高民众健康水平、促进地区均衡发展的重要途径。在城市内部，公共健身设施应该布局在交通便利、人口密集的地方，以确保民众可以方便地前来锻炼。在城市中，靠近居民区、学校、办公区的地方是公共健身设施布局的理想选择。优化布局还要考虑到城市的发展规划和交通网络，确保公共健身设施在未来仍然能够满足民众的需求。除了地域布局外，公共健身服务的内容和形式也需要进行优化。随着科技、文化和社会的进步，人们对健身的需求和期望也在不断变化。公共健身服务应该根据这些变化进行调整，为人们提供更多种类、更高质量、更具特色的服务。随着虚拟现实、增强现实等技术的应用，未来的健身体验将会更加丰富和多元。

公共健身服务也要与其他公共服务相结合，形成一个完整、综合的服务体系。例如，将健身设施与图书馆、文化中心、公园等其他公共设施相结合，这可以为民众提供一个综合、多元的休闲和锻炼环境。政府部门可以利用这些公共设施进行健身宣传和教育，增强民众的健身意识和参与度。在优化布局的过程中，相关人员也要充分考虑到公共健身服务的可持续性和环保性。例如，选择环保材料和技术建设健身设施，推广绿色健身理念，鼓励人们参与户外运动等。这不仅有利于环境保护，也有助于提高公众对公共健身服务的接受度和参与度。

总而言之，优化布局是构建全民健身公共服务体系的关键环节。只有确保布局的合理性、科学性与前瞻性，才能确保公共健身服务能真正满足广大民众的需求，并对未来健身产业的持续、健康发展产生积极影响。

第二节　服务提供

一、健身设施服务

在追求身心健康和高品质生活的今天，全民健身公共服务体系已经成为城市建设和民生改善的重要方向。为满足大众的多样化健身需求，各种健身设施逐渐丰富并融入公共服务中。

从场所来看，健身设施服务已经覆盖到了各个角落。公园内配备了各种户外健身器材，供市民免费使用，如跑步机、健身车、拉力器等。许多社区配备了健身房或小型健身区域，为居民提供了便捷的锻炼空间。这些设施的建设，让更多人有机会参与到健身中，由此形成了一个活力四射的社会健身氛围。除了传统的健身设施外，一些高科技的健身设备也逐渐进入人们的视野。例如，虚拟现实（VR）健身、AI健身教练指导以及智能化的数据分析系统，这些高科技设备能够为锻炼者提供更加个性化和专业的指导，帮助他们更高效、科学地达到锻炼目标。另外，为了满足不同群体的不同需求，很多社区及专门的健身场所还出现了许多特色健身设施。例如，为儿童设计的运动设备、为老年人打造的低强度健身区域，服务于残疾人的无障碍健身环境。这种差异化的服务可以让每一个人都能找到适合自己的健身方式。

为了确保公众能够安全、正确地使用这些设施，各个健身场所通常会提供专业的指导和培训服务。例如，健身房里的私人教练、社区的健身课程等。通过这些专业的指导，市民不仅能够更高效地锻炼，还能够避免运动伤害，确保健身的效果和安全性。为了鼓励更多人参与到健身活动中，政府和企业也提出了许多激励措施。例如，发放健身优惠券、组织健身大赛以及推出健身积分系统等。这些措施能够调动大众的积极性，使人们形成良好的健身习惯。

随着健身观念的深入人心和技术的进步，全民健身公共服务体系的健身设施服务日益丰富，这为大众提供了多样化、高品质的锻炼选择。这不仅有助于提高民众的身体健康水平，还能够促进社会的和谐发展，构建健康、充满活力、和谐的城市空间。

二、健身培训服务

一个专业、有经验的健身教练可以为锻炼者制定合适的健身计划，帮助他们更加科学、有效地达到健身目标。因此，开展健身培训服务将成为当下市场的一项热门业务。

健身指导员或教练不仅需要掌握各种健身技巧和方法，还需要了解人体生理、骨骼、肌肉的构造以及运动伤害的预防和治疗。他们应为锻炼者提供个性化的健身计划，确保锻炼者在安全、高效的情况下达到健身目标。健身培训服务包括传统的力量训练、有氧运动等，有瑜伽、普拉提、舞蹈等多种形式，能满足不同人群的需求。健身培训服务还要针对不同的群体（如孕妇、老人、儿童等）开设特色课程，提供专业的指导和建议。除了健身培训外，教练员还可以为锻炼者提供健康饮食、休息和恢复等方面的建议，这些都是健身的重要组成部分。合理的饮食和休息可以帮助锻炼者更好地恢复体力，提高其锻炼效果。专业水平较高的健身教练员还应不断更新自己的知识和技能，以适应不断变化的健身趋势和市场需求。

三、健康教育服务

健康教育服务在促进公众健康的方面起着至关重要的作用。通过为公众提供必要的健康知识和信息，这些服务能够帮助人们做出更明智的健康决策，从而提高生活质量和减少医疗费用。

健康教育服务向公众提供了关于健康生活方式的重要信息。随着现代社会中生活模式的改变，人们罹患心血管疾病、糖尿病和肥胖等慢性疾病的风险持续增加。健康教育服务通过强调合理的饮食、规律的锻炼和其他健康行为，帮助公众认识到预防这些疾病的重要性。

健康教育服务关注疾病的早期发现和预防。许多疾病，如某些类型的癌症，如果在早期被识别和治疗，治愈率会大大增加。通过健康教育服务，公众有机会了解这些疾病的早期迹象和症状，这有助于人们早期诊断和治疗。

四、体育推广服务

体育推广服务在促进公众健康、培养团队精神和提供社交机会方面都发挥了重要作用。通过有效的组织和管理，体育推广服务为公众提供了积极、健康和有益的娱乐方式，这有助于建设更健康、和谐和有活力的社会。这不仅仅是因为体育活动可以向人们提供锻炼的机会，还因为它为人们提供了与他人互动、培养团队精神和竞争精神的机会。

体育推广服务通过组织各种体育赛事和活动，鼓励公众参与，进一步为不同年龄、性别、身体状况的人群提供专门的健身项目。在快速发展的城市生活和工作压力中，人们越来越缺乏运动的机会。久坐办公室的工作、长时间的通勤和数码设备的吸引力都使人们的生活方式趋于静态。在这种背景下，体育推广服务的意义尤为突出。它为公众提供了一个重新与身体接触、释放压力和培养健康习惯的机会。

为了鼓励更多的人参与体育活动，体育推广服务不仅组织了各种规模的赛事和比赛，还特别关注那些传统上可能被忽略的群体。例如，体育推广服务为儿童、老年人、孕妇等设定特定的活动，确保每个人都能在适合自己的环境中体验运动的乐趣。另外，随着社会公众的健康和健身意识日益增强，体育推广服务还着眼于推出一系列专门的健身项目。这些项目根据参与者的身体状况、运动经验和兴趣爱好来设计，确保每个人都能在安全、愉悦的环境中锻炼身体。

这样的服务有助于培育公众的团队合作精神。通过团队赛事和集体活动，参与者学会了相互协作、信任队友和为共同的目标努力。这不仅是运动员在体育场上需要掌握的技能，更是人们在日常生活和工作中都需要具备的有价值的品质。体育推广服务还能够为公众提供很多与他人互动、结交新朋友的机会。在开展赛事或健身活动时，人们自然而然地与其他参与者产生互动，这样的社交机会对现代社会中的很多人来说都是非常宝贵的。

然而，为了确保体育推广服务的成功和效果，人们有必要考虑一些关键因素。例如，活动和项目必须有吸引力，这样能够激发公众的兴趣和参与热情；确保活动的安全性也是至关重要的，特别是针对特定群体（如儿童或老年人）的活动。为了确保公众能够持续参与，体育推广服务还需要提供充足的资源和支持，如合适的场地、设备和教练员等。

五、健康检测服务

健康检测服务在当今健康意识日益增强的社会中越来越受到人们的重视和欢迎。随着生活节奏的加快和医疗技术的进步，人们更加关注自己的身体状况，很多人希望及时发现和预防潜在的健康问题。健康检测服务正好满足了这一需求，它能为公众提供体质测试、健康评估等服务，帮助他们了解自己的身体状况，并向其提供个性化的健身建议。然而，健康检测服务也存在一些挑战。例如，如何避免数据泄露，确保个人隐私得到保护；如何提高检测的准确性，避免误诊和漏诊；如何为不同的人群提供合适、可行的健康建议等。这些都需要健康检测服务在发展中不断完善。

（一）健康检测服务能够为个人提供全面、详细的健康信息

在当今时代，人们处于科技迅速发展的背景下，这让人们对健康的关注度前所未有地高涨。健康检测服务的普及为人们提供了监测其健康状况的有力工具，这可以帮助每个人获得关于自己身体健康状况的详细、全面的信息。

健康检测服务主要是通过一系列的医学测试和评估来进行的。通过从常规的血液检查，人们可以查看白细胞、红细胞、血小板的计数，也可以了解血糖、血脂等基本指标，还可以对于肝、肾、心、肺等主要器官进行功能检查，这些都能帮助人们全面了解自身的健康状况。这些检测不只是数字和数据，它们实质上还是个体身体内部复杂生物机制的反映。例如，通过肝功能检查，人们可以了解肝脏细胞的损伤程度，从而判断肝脏是否健康。而对血脂的检查和对血糖的监测，可以帮助人们预防心血管疾病和糖尿病的发生。更进一步，对骨密度的检测可以告诉人们骨骼的健康状况，帮助人们预防骨折和了解骨折后的并发症。对于女性来说，对乳腺、子宫、卵巢进行检查有利于其及时发现和预防各类疾病。这些信息对于个人来说意义重大。通过这些检测，人们可以及时了解自己的身体状况，找出可能存在的健康隐患，并采取适当的预防和治疗措施维护自身健康状况。这些检测结果也为医生提供了宝贵的参考，基于这些数据，医生可以更为准确地进行诊断，为人们制定更为合适的治疗方案。

不仅如此，当个体在进行健身或者调整饮食习惯时，这些健康检测

数据也可以为其提供指导。例如，血糖偏高的人可以根据其健康检测数据调整饮食结构，增加锻炼；而骨密度较低的人则需要增加钙的摄入，并进行针对性的锻炼。随着科技的进步，很多健康检测已经可以在家中进行。现在市面上有很多可穿戴设备，能够实时监测心率、血压等基本指标，并将数据上传到云端，供医生进行远程诊断。

（二）健康检测服务能够及时发现潜在的健康问题

疾病的发生往往是一个渐进的过程。从一个微小的生理变化，到疾病的早期，再到疾病的显现，这可能会经过数年或数十年。这给了健康检测服务一个宝贵的机会，即在疾病真正显现出来之前进行及时的识别和干预。换言之，健康检测服务为早期发现潜在的健康问题提供了有力的支持。这不仅有助于人们及时进行治疗和干预，提高人们的生活质量，还可以为社会节省大量的医疗资源。

很多疾病在初期是不表现出明显症状的。例如，罹患高血压和糖尿病的人在早期可能只是轻微的头痛、乏力或者经常感到口渴，这些症状容易被忽视。如果这些疾病不被及时识别和治疗，随着时间的推移，它们可能导致更严重的并发症，如心脏病、肾病、视网膜病变等。

健康检测服务，特别是定期的身体检查，为人们提供了早期发现这些疾病机会。通过血液、尿液等生物样本的检测，人们可以发现体内的各种风险因子。例如，血压的测量可以使人及时发现高血压，而血糖、糖化血红蛋白的检测则有助于被检测者降低自身患糖尿病的风险。

一旦这些潜在的健康问题被发现，被检测者就可以及时地启动干预措施。这些干预可能包括饮食和生活方式的调整、药物治疗、物理治疗等。例如，对于高血压的早期发现，被检测者只需要调整饮食习惯，减少盐分摄入，并增加锻炼；而对于糖尿病的早期发现，被检测者则需要控制饮食和定期进行血糖监测。这些早期的干预措施，不仅可以避免或延缓疾病的发展，还可以为个人节省大量的医疗费用。另外，早期的治疗和干预，也可以提高人的生活质量，避免疾病为其带来更多身体和心理方面的痛苦。

（三）健康检测服务能够提供个性化的健身和饮食建议

每个人的身体状况、基因特点、生活习惯和环境背景都具有很强的特异性。这就要求健康检测服务必须针对个体量身定制健身和饮食计划，以确保其效果和可行性。

健康检测服务在这方面具有天然的优势，它能够深入分析个人的生理指标，并根据这些指标为其提供最适合的健身和饮食建议。例如，骨密度较低的人，骨折的风险会相对增加。为此，健康检测服务可能会推荐一系列有助于增强骨密度的锻炼，如走路和跳舞。走路是一种低冲击的运动，它不仅能增加人的骨密度，还能改善人的心肺功能和增加人的肌肉力量。而跳舞作为一种富有节奏感和乐趣的运动，除了能够强化人体的骨骼，还可以提高人体的协调性和平衡性。再如，对于血糖偏高的人，过高的血糖可能导致一系列并发症，如视网膜病变、肾脏损伤和神经病变等。在这种情况下，健康检测服务可以为其提供低糖饮食的建议，如增加蔬菜、全谷物和富含蛋白质的食物的摄取，减少糖分和碳水化合物的摄入，以及适量饮用水果。除此之外，健康检测服务还可以根据其他的健康指标为个体提供建议。例如，对于胆固醇偏高的人，健康检测服务推荐增加富含不饱和脂肪酸的食物的摄取，如鱼和亚麻籽；而对于缺乏铁元素的人，该服务推荐增加富含铁的食物的摄取，如红肉、鸡肝和绿叶蔬菜。

这种个性化的服务，不仅满足了个人的需求，更重要的是，它还能确保人的健康目标的实现。在日常生活中，很多人可能因为缺乏针对性的建议而感到困惑和迷茫，不知道如何进行健身和调整饮食。而健康检测服务通过其精准的数据分析和科学的建议，为每个人提供了一个清晰、可行的健康路径。在这个过程中，个体可以更加自信地迈向健康，同时享受更加充实和有活力的生活。社会也会因此受益，因为这样可以减少医疗资源的浪费，提高公共的健康水平。

第三节　人员管理

一、招聘选拔

健身公共服务体系的招聘选拔是确保社会体育事业健康、高效运行的关键步骤，它是决定健身公共服务体系为人们提供高质量的服务的关键因素。

招聘人员应明确每一个岗位的需求，包括职责、任务、技能和其他必要条件。例如，健身教练的职责包括指导客户进行有氧运动和力量训练、制定个性化的健身计划、评估客户的健身水平等。因此，这样的岗位要寻找具有一定健身教育经验、认证和良好的人际交往技巧的候选人。根据岗位需求，招聘方要制定招聘标准。这些标准应具体、明确，旨在筛选出最符合岗位要求的人选。例如，健身教练的招聘标准规定"至少持有某一健身教练资格证书"或"具有2年以上的教练经验"。某些特定的能力，如沟通技巧、团队协作能力、紧急情况处理能力等，也应包含在招聘标准中。

面试和选拔流程的设立，是为了进一步确认候选人是否符合招聘标准，从而找出合适的候选人。面试不仅是招聘方对候选人专业技能的考核，还是面试官了解其性格、价值观、团队合作能力等综合素质的机会。为了确保面试的公正性和有效性，招聘方应制定一套标准化的面试流程，包括面试题目、评分标准、面试官培训等。在进行面试时，面试官还应注重与候选人的沟通。透明的沟通可以确保双方都了解彼此的期望和要求。例如，面试官应明确告知候选人工作的具体内容、工作时间、薪资待遇等，同时了解候选人对这份工作的期望和目标。选拔过程中，面试官还可以采用其他方法来评估候选人的能力和潜力，如实际操作考核、团队合作模拟、案例分析等。这样面试官可以从多个角度了解候选人的实际表现，从而准确地评估其是否适合该岗位。

二、定期培训

健身公共服务体系的定期培训在确保高水平的服务品质和响应行业发展趋势中具有关键作用。有效的培训不仅能够提高员工的专业技能，也可以增强其对健身领域的热情和归属感，还可以进一步推动他们向着更高的职业目标前进。

技能培训是任何健身服务体系的基石。随着科技的进步和新的健身理念的出现，员工需要及时更新训练方法、设备和技术。近年来，功能性训练和高强度间歇训练成为健身界的热点，员工需要对这些方法进行系统的学习和实践，以确保他们能够为顾客提供安全、有效的指导。健康营养、伤害预防和恢复等领域的知识也逐渐被纳入健身指导的范畴，这要求员工具备更加全面的专业素养。职业发展机会是激励员工持续成长的动力之一。健身服务机构应为员工提供职业发展路径，如晋升机会、教练认证等，这可以让员工看到他们未来的职业发展方向，以鼓励他们更加投入地参与培训活动。为了实现这一目标，健身服务机构可以考虑与外部培训机构合作，为员工提供认证更高级职业资格的机会，或者设立内部的培训学院，专门负责培养员工的职业技能和管理能力。

随着健身行业的不断发展，公共服务体系也需要不断变革。培训内容的更新和完善是其响应变革的重要手段。例如，随着健身科技的发展，虚拟健身、在线健身课程等新的服务项目出现，员工需要接受相关的培训，以熟练地使用新的工具和平台，为顾客提供更加便捷、个性化的服务。健身公共服务体系不仅要关注员工的专业技能，还需要关注其心理健康和工作满意度。培训机构可以向培训课程中加入与职业心理健康、沟通技巧和团队建设相关的内容，帮助员工应对工作压力和建立与同事和顾客的和谐关系。

健身公共服务体系的定期培训是一个持续的、系统的过程，涉及多个领域和层面。有效的培训可以确保员工始终保持与行业前沿同步的知识和技能，也能提高其职业满意度和忠诚度，为整个体系带来长远的益处。

三、绩效管理

健身公共服务体系的绩效管理是一个至关重要的环节，它关系到每位员工的工作积极性、工作效率和组织的整体运行效益。正确的绩效管理可以帮助组织找到工作中的问题点并及时调整，也能为员工提供明确的工作方向和发展路径。

绩效标准是绩效管理的重要依据。这些标准应具体、明确，能反映出组织的期望和目标。例如，健身教练的绩效标准可以包括客户满意度、个人训练计划的完成情况、继续教育和技能提升等；前台员工的绩效标准应包括客户服务水平、日常管理任务的完成情况等。

绩效考核流程需要系统而公正。考核的周期应当明确，如每季度或每年进行一次。每次考核前，健身机构应通知其员工考核内容和方式，这可以避免出现突然或不公平的情况。在考核过程中，除了主管或上级的评估，健身服务机构还可以考虑引入同事、下属或客户的反馈，以获取更全面、客观的评价。

绩效评估完成后，重要的是如何根据评估结果采取相应的措施。高绩效的员工应当得到相应的奖励，这可以是物质奖励，如奖金或其他福利，也可以是精神奖励，如公开表彰、特殊的工作机会等。对于表现不佳的员工，健身服务机构需要采取措施帮助其提高。这包括提供额外的培训、指定导师或是重新定义其工作职责。重要的是，这种调整应当为了帮助员工成长，而不是简单的惩罚。绩效管理不应仅仅是一个"打分"或"评级"的过程。真正有效的绩效管理还包括管理人员与员工进行深入的沟通，了解其在工作中的困惑和挑战，提供必要的支持和资源。这种沟通可以帮助员工明确自己的工作目标和发展方向，增强其对组织的归属感和忠诚度。

在健身公共服务体系中，绩效管理还需要关注服务的质量和客户的满意度。绩效标准和考核流程应当与客户的需求和期望相一致。例如，如果健身服务机构希望向客户提供更个性化的健身服务，那么员工的绩效考核就应当关注其在个性化服务方面的能力和成果。

健身公共服务体系的绩效管理是一个综合性的过程，涉及多个层面。明确的绩效标准、公正的考核流程和根据评估结果作出的及时调整，都是确保绩效管理效果的关键因素。有效的绩效管理可以推动员工持续提高工作效果，还能确保健身服务机构的服务水平和竞争力。

四、持续沟通

在构建健身公共服务体系的过程中，持续沟通的重要性不言而喻。健身行业的特性决定了信息、经验的共享至关重要。无论面对的是客户的需求变化、新的健身理念的融入，还是相关管理部门的决策和变革，有效的沟通都是实现健身公共服务体系顺畅运行和持续改进的关键。然而，鼓励沟通并不仅仅是向用户提供反馈渠道那么简单。真正的沟通需要有开放和支持的环境，这样的环境应能让员工感到他们的声音被重视，让其意识到他们的反馈可以带来实际的变革。这种文化环境的建立需要时间和努力，上级和管理层的态度和行为起着决定性的作用。

（一）确保上下级之间的信息畅通

在任何组织中，上下级之间的信息畅通都是决定成功的关键因素，尤其在健身公共服务体系中。有效的沟通不仅仅是信息的及时传递，它涉及组织内成员间的相互理解、合作和团队之间的信任建设。

明确的工作指导是确保员工了解他们的任务和责任的基石。当员工明确知道自己的职责是什么，什么是他们需要达成的目标以及如何完成这些目标时，他们的动力和工作效率会得到显著提高。这样的明确性减少了不必要的混淆和效率低下的重复努力。目标设定不仅为员工提供了一个明确的职业发展方向，还为他们提供了一个实现的动机。当员工知道他们的努力有助于实现更大的组织目标时，他们会更加有动力去追求卓越。此外，策略方向的提供确保了整个团队在相同的方向前进，这有助于减少资源的浪费和工作的重叠。上下级沟通不应仅限于上级向下级的指示。员工在执行上级指令的过程中获得的经验和反馈是宝贵的资源。他们工作在一线，通过直接与客户互动，总能发现那些上级可能忽视的问题或机会。例如，一个健身教练可能会注意到某个健身项目特别受欢迎，或者某种设备经常出现小故障。这样的信息对健身中心的运营和改进都是非常有价值的。

为了确保信息的畅通，组织可以采取多种方式，如定期的工作会议、一对一的交谈、反馈系统或者电子邮件都是有效的沟通工具。其关键是确保这些工具能够真正促进信息的共享，而不仅仅是形式化地走流程。

有效的沟通还有助于建立信任。当员工觉得他们的声音被听到，他们的建议和反馈被重视，他们会更加信任组织和上级。这种信任是团队合作的基础，也是员工投入、创新和长期留在组织的关键。

（二）扩大部门间的沟通交流渠道

拓宽部门间的沟通交流渠道在健身公共服务体系中显得尤为关键。健身不仅仅是锻炼身体，它涉及全方位的服务，它包括从客户第一次走进健身中心，到他们选择最佳的锻炼方式，再到他们获得饮食建议，以及使用和维护健身设备，所有环节都需要不同部门之间密切沟通和合作。

健身场所的前台不仅需要为客户提供基础的会员服务，还需要了解各个部门的专业知识，以便为客户提供初步的咨询服务。例如，当一个新客户询问有关某项健身课程的内容时，前台应当熟悉课程内容，并知道如何及时与教练进行沟通，以获取更深入的信息。健身教练不仅需要了解各种锻炼技巧和方法，还需要与营养顾问合作，为客户提供全方位的健身计划。考虑到每个人的体质、健康状况和锻炼目标都是不同的，健身教练应重视与营养顾问的合作。例如，对于一位希望增肌的客户，教练需要为其设计一个合适的锻炼计划，而营养顾问则需要提出相应的饮食建议。设备维护部门虽然看似与客户接触较少，但其实它对客户的健身体验有重要影响。健身设备的状态会直接影响客户的锻炼效果和安全。因此，设备维护部门需要与前台和教练部门保持密切的沟通，确保他们能及时了解设备的使用情况和潜在问题。为了扩大部门间的沟通交流渠道，健身服务机构可以采取多种方式。定期的部门间会议、固定的沟通时段、内部通信系统或者专门的协同工作平台都是有效的沟通渠径和工具。此外，组织内部的培训和团队建设活动也可以增进部门间的了解和加强部门间的合作。

实际上，部门间的沟通并不仅仅是为了解决短期的工作问题，它还有助于健身服务机构建立良好的企业文化和团队精神。当各个部门的员工都认识到他们是一个大家庭的一部分，他们的工作都是为了一个共同的目标时，这些员工就会愿意分享信息、共同合作，为客户提供最佳的客户体验。

第四节　活动组织

一、组织多样性和创新性的活动

组织具有多样性和创新性的活动是健身公共服务体系发展的核心。多样性的体现不仅在于活动种类上，更在于活动的深度和广度。不同的会员群体因年龄、性别、身体状况、健身目标等因素有不同的需求。例如，中老年人群可能更倾向于低强度、有益于关节和骨骼健康的健身活动，如太极、水中健身等；年轻人群可能更喜欢有竞技性、挑战性的活动，如团队竞技活动等。为了满足人们多元化的需求，健身中心应深入研究各个目标人群的特点，通过市场调查、会员访谈、数据分析等方式，定期评估和优化活动内容。这不仅可以确保活动的质量和效果，还有助于健身服务机构提前预测和把握市场的变化，为会员提供更加前沿的健身体验。创新性不仅仅体现在新活动的推出上，更重要的是如何将现有的资源和技术与新的市场需求相结合，创造出独特的价值。一些现代科技成果，如可穿戴设备、虚拟现实技术、智能健身器材等，都为健身活动创造了无限的可能。健身服务机构可以利用这些技术，结合会员的健身数据和信息反馈，为他们提供更加个性化、智能化和更具互动性的健身体验。例如，健身服务机构可以利用虚拟现实技术模拟不同的健身环境，让会员在家中就能体验到攀岩、潜水、滑雪等极限运动的刺激；根据会员的身体数据，健身服务机构可以通过智能健身器材自动调整训练强度和方案，确保训练的效果和安全性；可穿戴设备则可以实时监测会员的身体状况，为他们提供健康建议和预警。同时，健身服务机构还可以与其他行业和领域进行跨界合作，为会员提供更加丰富和多元化的体验。例如，其与餐饮业合作，为会员提供健康饮食的建议和配餐服务；与旅游业合作，组织会员健身旅行，让会员在旅行中锻炼身体；与医疗机构合作，为会员提供健康检查和康复训练等。

总而言之，多样性和创新性是健身公共服务体系活动的灵魂。健身服务机构只有不断地创新，才能为会员提供持续的新鲜感，满足他们日益增长的健身需求，同时为健身服务机构带来更大的市场机会和竞争优势。

二、组织社交性和教育性的活动

开展具有社交性和教育性的体育健身活动已经成为现代公共健身领

域的新趋势。这类活动不仅强调身体锻炼，还注重人与人之间的互动交流和健身知识的相互分享。

社交性的健身活动不仅为会员提供了锻炼的机会，还为他们创造了一个互相认识、交流的平台。这种活动通常以团体为单位，如团体瑜伽、团队拓展、集体舞蹈等。通过这种方式，会员不仅可以使身体得到放松和锻炼，还可以认识志同道合的朋友，增强他们的社交网络。例如，健身服务机构可以在一次团队拓展活动中设置各种团队合作的游戏和挑战，增强会员之间的信任和合作；也可以在一次集体舞蹈课程中邀请专业的舞蹈老师，教授会员舞蹈的基本技巧和动作，让他们在舞蹈中体验与他人的合作和互动。

教育性的健身活动更加注重健身知识的传授和实践。这类活动通常由专业的教练或医生主讲，内容涵盖健身原理、锻炼方法、健康饮食、伤害预防等。通过这种方式，会员不仅可以获取专业的健身知识，还可以在实践中得到指导和帮助，使自身的锻炼更为科学和高效。例如，健身服务机构可以组织健身营养讲座，邀请营养学家为会员讲解健身饮食方面的知识并提出科学的建议，让他们了解如何根据自己的锻炼目标和身体状况选择合适的饮食；也可以开设伤害预防课程，该课程由体育医学专家主讲，其目的在于教授会员如何正确地做热身和拉伸运动，以及如何避免常见的运动伤害。

值得注意的是，健身活动的社交性和教育性并不是绝对的对立和分离，很多活动都同时具有这两个特点。例如，健身服务机构组织的户外健身挑战赛，既可以让会员在竞技中体验团队的合作和互动，也可以让他们在实践中学会锻炼的方法和技巧；该机构开设的健身营，既可以为会员提供一系列的健身课程和讲座，也可以为他们创造一个互相交流和学习的环境。

第五章　公共健身服务设施的基本类型与构建路径

第一节　公共健身服务设施的基本类型

一、室内公共体育设施

室内公共体育设施是现代城市生活的重要组成部分。随着人们生活节奏的加快和对健康生活方式的不断追求，人们对这类设施的需求也日益增长。室内体育设施不仅为人们提供了避免天气干扰的运动环境，还因其先进的技术配备和多功能性，为广大市民提供了丰富的锻炼选择。无论是进行篮球、羽毛球、游泳，还是进行其他健身运动，这些设施都能满足不同人群的需求。室内公共体育设施还是人们社交的平台，它们可以促进人们之间的交往和互动，强化社区的凝聚力。然而，如何合理规划、高效管理和充分利用这些室内体育设施，使其真正地服务于人民，满足人们多样化的健身需求，是公共健身服务体系面临的挑战。室内体育设施不仅仅是建筑和器材的集合，更是现代都市生活的重要补充，它们在维护人们的身体健康、提高人们的生活质量和弘扬体育精神等方面都发挥了不可替代的作用。室内公共体育设施如图 5-1 所示。

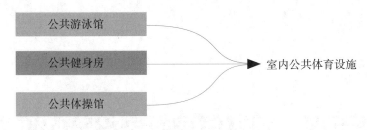

图 5-1　室内公共体育设施

（一）公共游泳馆

公共游泳馆为社区居民进行游泳锻炼和其他水上活动提供了一个安全、专业的环境。游泳作为一项广受人们喜爱的运动，不仅有助于人们锻炼身体，还能增强锻炼者的心肺功能和促进其身体健康。对于很多人来说，公共游泳馆不仅是一个锻炼的地方，还是一个与家人和朋友共度欢乐时光的好地方。

公共游泳馆根据其功能、大小和提供的服务，通常可以分为多种类型，包括室内游泳馆、室外泳池、儿童泳池、热水浴池等。这些设施的存在，使人们在任何季节、任何天气都可以享受游泳的乐趣。

公共游泳馆通常有宽敞的接待大厅和更衣室。更衣室中配有储物柜、淋浴间和化妆间，这为人们提供了方便的更衣和储物服务。更衣室的设计应考虑如何保护使用者的隐私，使人们可以在隐私得到保护的环境中更换泳装。大多数游泳馆都有多个泳池，能满足不同人的需求。有的泳池深度适中，非常适合成年人游泳或练习游泳；有的泳池较浅，专为儿童设计，这能保证他们在玩耍时的安全；还有一些泳池能调控水温，让人们可以享受舒适的热水浴。

为了确保人们的安全，游泳馆通常配备了专业的救生员。他们接受过严格的培训，能够迅速应对各种紧急情况。此外，游泳馆还应安装先进的水质监测系统，确保泳池水质始终达到标准。

对于那些想要学习游泳的人，许多游泳馆都提供了游泳课程。这些课程由经验丰富的教练授课，适合各个年龄段和水平的游泳爱好者。除了基础的游泳技巧，还有一些高级课程如潜水、水上运动等。

除了游泳，公共游泳馆还建设了许多水上活动设施。例如，有的游泳馆设有水上健身区，向建设人们提供水中瑜伽、水中操和其他健身课程；有的游泳馆则有特设的跳水区，让人们能尽情享受跳水的刺激和乐趣。

为了满足人们的其他需求，许多游泳馆还配备了休息区、小吃吧和饮料亭。在这里，游客可以购买各种小吃和饮料，或者简单地休息和放松。

（二）公共健身房

公共健身房为社区提供了集体锻炼的场所，在这里，市民可以进行各种健身活动，如力量训练、有氧运动等，以维持或提高身体健康水平，增强体质。随着现代生活节奏的加快和人们对健康意识的提高，公共健身房在城市和社区中的地位日益重要。

公共健身房的环境设计常考虑到用户的舒适和效率。门口通常设置了接待区，用于新会员注册、信息咨询和付费等。该区域一般配有舒适的座椅、液晶电视和相关的健身杂志，为等待的会员提供娱乐和资讯服务。健身区通常摆放大量的健身设备和器械。一般来说，这些设备会根据功能和用途被合理地划分到不同的区域。在健身区，有的区域充满了哑铃、杠铃和力量机器，供那些希望进行肌肉锻炼的人使用；有的区域则放置了跑步机、椭圆机、自行车等有氧训练设备；还有一些区域是学习瑜伽、普拉提和舞蹈等团体课程的场所。为了确保会员的安全和健身效果，公共健身房往往会聘请专业的健身教练。他们不仅可以为会员制定个性化的训练计划，还可以在训练过程中为会员提供正确的指导和建议。对于那些初次来到健身房的人，这些教练会提供设备使用指南，确保他们在锻炼中不会受伤。

除了常规的健身设备，许多现代化的公共健身房还建设了能为人们提供一系列附加服务的设施。例如，有的健身房设有桑拿和蒸汽室，以帮助会员放松和恢复；有的健身房提供按摩和物理治疗服务，这能为会员解决身体疼痛和不适；还有一些健身房配有咖啡吧或果汁吧，这能为会员提供健康的饮食选择。

公共健身房不仅是一个锻炼身体的地方，还是一个社交和互动的场所。在这里，会员可以结识到志同道合的朋友，共同分享健身经验和乐趣。一些健身房还会定期举办各种活动和比赛，如健身舞蹈大赛等，为会员提供了展示自己和互相学习的机会。

（三）公共体操馆

公共体操馆是专门供人们进行体操锻炼和比赛的场所。在现代城市的快速发展中，公共体操馆已经成为城市文化和体育设施的重要组成部分。

公共体操馆的设计往往注重用户的需求和舒适度。现代的体操馆除了基本的运动设备外，还有观众席、更衣室、储物柜、卫生间等配套设施。其中，运动区域的地面通常选用了可以缓解冲击的材料，以减少运动员受伤的风险。

公共体操馆中包含各种体操设备，如平衡木、高低杠、吊环等。除此之外，还有一些用于特定训练的工具，如垫子、弹簧板、握把带等。公共体操馆不仅仅是为体操爱好者或专业运动员提供的，很多时候，学校、社团或其他组织也会租借体操馆来组织比赛或集训。此外，公共体操馆也经常举办各种体操课程，吸引不同年龄段的人们参与。

安全始终是公共体操馆一直很重视的一点。公共体操馆的管理人员应对馆内的设备定期进行检查和维护，以确保其良好运作。教练和工作人员应经过专业培训，能够在突发情况下迅速做出反应。

公共体操馆为城市带来了一定的经济效益。除了门票和会员费，体操馆还会出租场地，与品牌合作举办赛事，甚至出租广告位等。体操馆不仅是人们锻炼的地方，还是很多人社交的场所。很多人在此结交了志同道合的朋友，甚至成为固定的训练搭档。

现代的公共体操馆越来越重视环境保护。例如，使用环保材料，设置垃圾分类系统，安装节能设备等。这些措施旨在减少体操馆对环境的负担。随着科技的发展和人们对健康的重视，公共体操馆在未来有望进一步发展，这包括引进更多的智能化设备，进行更加人性化的设计，以及提供更多针对不同人群的特色课程。

二、室外公共体育设施

室外体育设施是现代城市文化与健康生活的重要组成部分。这些设施不仅为市民提供了进行各种体育活动的机会，更成为促进社区成员之间交往交流、增强邻里关系的桥梁。无论是宽广的足球场、网球场，还是蜿蜒的跑步道和专为孩子们设计的游乐设施，室外体育设施都在很大程度上满足了人们的休闲健身需求。更值得一提的是，随着人们对保护环境和绿色生活的日益关注，许多室外体育设施都已融入了生态环保理念和可持续发展的设计理念，它们不仅是人们运动的空间，是城市中的绿色之肺，还是人们与自然亲近、放松身心的绿意空间。室外公共体育设施的类型如图 5-2 所示。

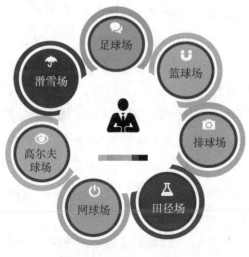

图 5-2　室外公共体育设施

（一）足球场

足球作为世界上最受欢迎的运动之一，不仅是竞技体育的象征，还成为无数人的情感寄托和社交纽带。

公共足球场作为足球运动的重要场所，无疑在现代社会中占据着重要地位。从其建设、管理到日常使用，公共足球场的每一处细节都体现了其在城市中的独特价值和重要意义。公共足球场是一个开放的空间，它通常位于城市的公园里、学校里或社区中心，供市民免费或低价使用。与商业足球场或专业体育馆相比，公共足球场更注重满足社区居民的休闲和娱乐需求。因此，公共足球场的设计通常更为简洁和实用，但也不乏一些基础设施，如灯光、排水系统和人工草皮。不同于封闭的体育馆或商业场地，公共足球场为市民提供了一个自由、开放的运动环境。在这里，人们可以随时进行一场友谊赛，或是加入一个社区足球队。对许多人来说，公共足球场不仅是锻炼身体的好地方，还是结交新朋友、享受团队合作乐趣的重要场所。公共足球场还扮演着城市文化的载体的角色。在许多城市，足球不仅是一项运动，还代表了一种生活方式。公共足球场可以举办各种足球比赛、趣味足球活动，为当地居民创造了共同参与、交流和学习的平台。这样不仅增强了社区的凝聚力，还促进了文化的交流。公共足球场对当地经济也有积极的影响。

公共足球场的建设和管理面临着挑战，这主要是资金问题。与商业足球运动场地或专业体育馆相比，公共足球场的回报通常较低。因此，如何合理分配资金、提高公共足球场的使用效率与回报水平成为公共足球场管理者不可忽视的问题。此外，公共足球场的维护和保养也是一大难题。为了确保场地能被人们长期、安全地使用，管理者必须投入大量的人力和物力进行定期的检查、维修和更新。

无论面临怎样的挑战，公共足球场都始终保持着其独特的魅力和价值。随着现代社会的发展，人们有理由相信，公共足球场会在未来发挥更大的作用，为城市和居民带来更多的福利和乐趣。

（二）篮球场

公共篮球场是社区中广受欢迎的户外体育设施，它为人们提供了锻炼、交流和娱乐的场所。公共篮球场通常供人们免费或低费使用，具有一定的建设标准，它能满足社会成员进行篮球比赛和训练的需要。

公共篮球场不仅是运动场所，还是人们社交互动的地方，人们可以在这里结识新朋友。公共篮球场为人们提供了锻炼身体、保持健康体魄的机会。人们可以在这里进行篮球比赛、日常训练。这些场地通常对所有年龄段和技能水平的人开放，从儿童到成年人，从初学者到专业球员，每个人都可以在这里找到适合自己的活动方式。

经常进行篮球运动有助于增强人的心肺功能、增强肌肉力量和提高肢体灵活性，还有助于控制体重和保持心理健康。公共篮球场的建设有助于传播篮球文化。

公共篮球场是城市和社区中重要的休闲和锻炼场所，它为人们提供了健康、积极的活动环境。无论将其作为锻炼的场地还是社交的聚集地，公共篮球场在传播篮球文化和提升人们的健康水平方面都发挥着积极的作用。

（三）公共排球场

公共排球场是城市社区中重要的户外体育设施，它是人们锻炼、娱乐和社交互动的场所。这些场地通常是供人免费或低成本使用的，对各个年龄段和不同水平的人开放，旨在推广健康的生活方式和增强社区凝聚力。

公共排球场不仅是人们进行体育运动的场地，还是人们社交互动的平台。人们可以在此结交朋友、组织友谊赛、加入排球团队，这有利于促进社区内外的交流与合作。参与排球运动有助于人们改善心肺功能、增强肌肉力量、提高肢体的灵活性和协调性。这种全身性的锻炼有助于维持人的身体健康，并有助于减轻人们在日常生活中的压力。

排球是一项团队合作的体育项目，它强调队员之间的默契和协调。在公共排球场上，人们可以培养自身的团队合作能力、领导能力和学习有效的沟通技巧。公共排球场欢迎各个年龄段和不同技能水平的人参与。从业余爱好者到专业球员，每个人都能找到适合自己的排球运动方式。公共排球场扮演着传播体育文化的角色，它鼓励更多人参与体育锻炼，这有助于提高人们对排球运动的认知度，培养公众的体育兴趣，这能促进整个社会的健康发展。一些公共排球场地安装了照明设施，使人们在夜间或黄昏时段也能进行比赛和训练，这增加了场所使用的灵活性。公共排球场不仅是人们进行排球比赛和训练的场所，还是休闲娱乐的场所。爱好排球运动的人可以聚集在此，享受轻松的排球比赛，度过愉快的时光。

（四）公共田径场

公共田径场是城市重要的户外体育设施，它是人们进行跑步、赛跑、跳远、投掷等各种田径运动的场所。这些场地通常是免费或低成本使用的，旨在使人们养成健康的生活习惯，鼓励人们积极参与体育锻炼和社交互动活动。

公共田径场为人们提供了锻炼身体的理想场所。经常进行跑步、赛跑等运动有助于人们改善心肺功能、增强肌肉力量和提高肢体协调性，有益于维持人的身心健康。

人们可以根据自身的健身目标和能力水平进行个性化的田径运动训练。无论是短跑或长跑，还是跳高或投掷，人们都可以根据自己的兴趣选择适合自己的项目进行锻炼。公共田径场不仅是体育运动场地，还是社交互动的场所。人们可以在此与跑友一起锻炼，交流经验，建立友谊。公共田径场扮演着传播体育文化的角色，它鼓励更多人参与体育锻炼，它通过为人们提供了解和体验田径运动的机会来培养人们的体育兴趣。

一些公共田径场安装了照明设施，使人们在夜间或黄昏时段也能进行训练。除了专业训练，公共田径场也是人们进行休闲跑步或业余比赛的好地方。人们可以利用田径场地来保持健康，也能利用场地举办小规模的社区比赛。

（五）公共网球场

公共网球场是供大众开展各种网球相关的活动的开放场所，它是城市体育设施的重要组成部分，为人们提供了进行网球运动的场地。网球作为一项历史悠久的体育运动，长久以来深受各年龄层爱好者的喜欢。公共网球场则为这些爱好者提供了开放便利、经济实惠的锻炼空间。

公共网球场通常由草地或红土等不同的材料制成，不同的材料可以给不同的打球感觉，但也有不同的维护需求。硬质场地比较适合快速的比赛，而草地和红土场地则更加注重技巧和策略。场地应完全按照国际网球联合会的规定来建设。为了确保运动员和爱好者的舒适体验，许多公共网球场都配备了一系列辅助设施，如休息区、更衣室、淋浴设施、饮料售卖亭等。此外，有些场地还提供了照明设备，使人们在夜间也可以打球。

大多数公共网球场都实行免费或低成本的政策，这使很多人能够享受到网球带来的乐趣。为了保证场地的秩序和安全，公共网球场通常会有专职或兼职的管理人员进行监督。此外，为了确保所有人都有机会使用其场地，一些场地会实行预约制度。许多公共网球场不仅向人们提供了自由打球的空间，还能为人们组织各种活动和培训班提供合适的场地。

公共网球场不仅是人们进行体育锻炼的场所，还是人们社交的平台。人们可以在这里结识志同道合的朋友，增强自己的社交能力。对于孩子们来说，参与网球活动可以培养他们的团队精神和合作能力。公共网球场在社区中发挥着重要的社会功能，它既为人们身体健康提供了保障，又有助于增强社区凝聚力。为了确保公共网球场的长期使用，定期的维护是必不可少的。这包括场地的清洁、设备的维修和更换等。随着网球运动的普及，公共网球场也面临着进一步发展和完善的挑战。这不仅包括场地的扩建，还有对新技术、新设备的引进，以满足日益增长的使用需求。

公共网球场在城市的体育设施中占有重要的位置，它为大众提供了进行体育锻炼和社交的好地方。随着人们对健康生活方式的不断追求，公共网球场的作用将越来越重要，它将继续为社区居民提供高质量、便捷的运动空间。

（六）高尔夫球场

公共高尔夫球场是为社会大众提供的高尔夫运动场所。与私人会所或专属的球场相比，公共高尔夫球场强调开放性，它为更广大的民众提供了体验高尔夫球运动、进行锻炼和社交的机会。高尔夫球运动作为一项重要的体育运动，历来受到各年龄段玩家的青睐。公共高尔夫球场在普及这项运动和丰富民众的体育生活方面，发挥了重要作用。

公共高尔夫球场的设计通常要考虑不同年龄阶段的使用者的需求，无论是初学者还是经验丰富的球员，球场应为不同水平的所有玩家提供运动的机会。绿地、沙坑、水障碍和树木都是公共高尔夫球球场设计的重要元素，旨在测试球员的技巧和策略。另外，风景美观、生态平衡、安全性和可持续性几方面也需要设计师在进行场地设计时综合考虑。

高尔夫球场一般设有 18 个洞，每个洞都有规定的杆数，称为标准杆，标准杆数为 72 杆，球场内有发球台、球道、果岭以及长草、沙坑、水池等障碍。除了球场本身，公共高尔夫球场通常还配备有一系列的配套设施，包括练习场、推杆绿地、更衣室、租赁服务、餐厅等。这些设施为球员提供了运动前后的完整服务，确保了他们的舒适和便捷。

虽然高尔夫球运动被认为是一项相对高端的运动，但公共高尔夫球场往往采取合理的收费政策，这能确保更多的民众能够享受到打高尔夫球的乐趣。有些球场还有针对少年和老年的优惠服务，以鼓励各个年龄段的玩家参与。

为了让球员有更好的打球体验，公共高尔夫球场通常会组织各种活动和培训课程，这包括从基础技能教学、策略分析到挑战赛的全方面的活动类型，这些活动旨在提高球员的水平，同时增进他们之间的友谊。

公共高尔夫球场不仅是人们进行体育锻炼的场所，还是人们社交和交流的平台。在这里，人们可以结识有不同背景、有不同水平的球友，并通过这项运动与他人建立深厚的友情。对于许多人来说，高尔夫球运动不仅仅是一项击球得分的竞技运动，更代表了一种生活方式和社交方式。

公共高尔夫球场的建设面临着诸多挑战。从球场维护、设备更新、服务品质保障到面对各种气候和环境变化，都需要管理者进行精细的运营和管理。为了保障球场的长期使用和为人们提供更好的服务，持续的投资和维护也是必不可少的。

随着健康生活方式和体育休闲活动在人们日常生活中的地位逐渐上升，公共高尔夫球场的作用和价值也将日益凸显。未来，公共高尔夫球场将继续为社会大众提供更优质、更多样化的服务，成为城市体育休闲的重要组成部分。

（七）滑雪场

公共滑雪场是为广大民众提供滑雪运动体验机会的场所，它为滑雪爱好者和初学者提供了一个安全、便捷的体验空间。滑雪这一充满刺激的冬季运动，总能吸引众多寻求刺激的人参加。公共滑雪场作为该项目的重要承载地，对滑雪文化的普及和推广起到了不可忽视的作用。

公共滑雪场多数位于雪质良好、地势适宜的山区或高地。它们的规模和设施可能因地而异，但大多数能为滑雪者提供多种难度级别的滑雪道。这样既能满足专业滑雪者的挑战欲望，也能确保初学者在相对安全的环境下学习和体验。

除了滑雪道，公共滑雪场通常还设有雪地设备租赁服务、教练员指导、雪地维护队伍和急救站等配套设施。对于初学者来说，租赁合适的滑雪装备和得到专业教练的指导是非常重要的。急救站和雪地维护则确障了滑雪者的安全和其能拥有良好的滑雪体验。

费用方面，公共滑雪场通常会提供各种票价选项，如日票、季票或年票，以满足不同滑雪者的需求。有些滑雪场还会提供家庭套餐或团体优惠，以鼓励更多人参与这项运动。

公共滑雪场不仅为人们提供了进行体育锻炼的地方，还是人们交流和社交的平台。在滑雪场，人们可以结识到来自各地、有着不同滑雪经历和不同技能水平的滑雪爱好者。这样的交流和分享，不仅可以提高滑雪技能，还能够建立深厚的友情。

随着人们对冬季运动越来越关注，公共滑雪场面临着越来越多的挑战。例如，如何在保证滑雪质量的同时，满足人们越来越高的滑雪体验需求？如何在人流高峰期保证滑雪场的安全和秩序？这些都是滑雪场管理者需要思考和应对的问题。

公共滑雪场作为滑雪文化的传播者和承载者，其社会价值和意义是无可替代的。它为人们提供了一个亲近大自然、体验刺激、锻炼身体的好地方，也成了冬季旅游和休闲的热门选择。

第二节　公共健身服务设施的构建路径

一、需求分析

需求分析是公共健身服务设施构建过程的第一步。需求分析的路径如图 5-3 所示。

1 调查目标区域或社区的健身需求和健康状况

2 分析各种运动和健身活动的受欢迎程度

3 评估现有的健身设施和资源

图 5-3　需求分析的路径

（一）调查目标区域或社区的健身需求和健康状况

调查目标区域或社区的健身需求和健康状况是需求分析中至关重要的步骤，它涉及深入地了解当地社区的特性和需求，旨在为后续的公共健身服务设施的建设打下坚实基础。

人口统计学调查可以为调查人员提供目标区域的基本信息。通过了解年龄分布，调查人员可以知道哪个年龄段的人口最多，从而为这些年龄段的人提供相应的健身服务。例如，青少年可能更喜欢团队运动和有竞争性的活动，而老年人可能更喜欢轻度的锻炼和康复训练。此外，通过调查职业背景，调查人员可以更好地了解居民的生活方式和健身需求。例如，办公室工作者可能需要解决久坐带来的健康问题，而体力劳动者可能更关心肌肉的放松和恢复。

健康状况调查有助于调查人员详细地了解当地居民的健康状况。当地的健康状况会直接影响到健身设施的设定和课程安排。如果大多数居民都面临肥胖问题，那么健身中心需要向其提供有关健康饮食和减肥的课程。心脏疾病和糖尿病等慢性疾病的高发率意味着健身中心需要向居民提供专门的康复训练和专家咨询。调查人员与当地医疗机构合作可以获取更精确的数据，以确保健身中心的服务与医疗建议相一致。

社区访谈是连接健身设施和居民的桥梁。调查人员与社区领袖、学校、敬老院或其他相关组织进行交谈，不仅可以深入了解他们的需求，还可以获取他们的支持和合作。社区领袖可以为健身中心的运营提供有价值的建议，并帮助其进行宣传和推广。学校可以与健身中心合作举办特殊的健身课程或活动，为学生提供健康教育。敬老院与健身中心合作，可以为老年人提供定制的健身服务。此外，健身中心与其他相关组织的合作，如中华全国妇女联合会、中国残疾人联合会等，可以帮助健身中心更好地服务于所有居民。

（二）分析各种运动和健身活动的受欢迎程度

无论是通过在线调查、市场分析还是试点课程来分析各种运动和健身活动的受欢迎程度，都是确保健身设施项目成功的关键。

开展在线调查。通过社交媒体平台和电子邮件调查各种运动和健身活动的受欢迎程度，这不仅方便健身中心收集大量数据，还能帮助其及时获得反馈并调整策略。社交媒体上的调查可以借助各种互动功能实现，如投票、问答等，这可以吸引更多的用户参与，从而使健身中心获得更真实的反馈。通过电子邮件发送的问卷，可以被设计得更详细和专业，使它适合深入研究某一特定问题。通过这些调查得到的结果不仅可以直接指导健身中心对其设施的规划，还可以为其制定后续的营销策略提供参考。

进行市场分析。不同地区、国家的健身趋势可能存在差异，但全球的健身趋势往往代表了公共健身服务设施在未来的发展方向。例如，一段时间内，高强度间歇性训练（HIIT）在全球范围内受到了广泛欢迎，许多健身中心都纷纷引入这一训练方式。而瑜伽、普拉提和冥想等安静的健身方式，也在某些群体中持续火热。对于健身设施的运营者来说，持续关注这些趋势并及时调整服务内容，是保持竞争力的关键。

开通试点课程。这种方式旨在测试新课程的可行性和受欢迎程度。例如，如果某一新的健身方式开始在其他国家或地区流行，健身中心可以在国内开设试点课程，邀请有兴趣的会员参与。通过这种方式，健身中心可以在较小的规模上评估这一新课程的效果，包括参与者的满意度、教练的教学质量和课程的整体设置。收集到的反馈可以为健身中心正式推出这一课程提供宝贵的建议。

（三）评估现有的健身设施和资源

评估目标区域内现有的健身设施和资源是一个综合性的过程，这需要健身中心从设施、资源和用户三个维度来进行。只有全面地了解目标区域内的健身市场现状，健身中心才能获得一个清晰的发展方向和制定行之有效的策略。

设施审查是直观地了解目标区域内健身设施的第一步。实地考察能够揭示关于设施的许多细节信息。例如，健身房的规模可以告诉投资者或经营者目前市场的容量；设备的种类和新旧程度可以显示健身房对技术更新和维护的重视程度；设备的分布和布局也能够反映出健身中心的使用效率。例如，有足够的跑步机可以满足高峰时段的需求吗？瑜伽室是否安静且光线充足？另外，从设施的使用情况也可以初步判断出该地区居民对健身的热情和参与度。

资源评估则着眼于健身中心背后的人力资源。一个成功的健身中心并不仅仅依赖于先进的设备和优美的环境，更重要的是有一支专业、有经验的团队来指导和帮助用户。了解目标区域内现有的健身教练、专家的资质和专长，有助于健身中心评估目标区域内的健身服务质量。例如，是否拥有通过了国际认证的健身教练？是否有能够提供专业康复训练的物理治疗师？除了健身教练和专家，其他的支持人员，如前台接待、清洁工和维修人员，也是健身中心运营的重要部分，他们的服务态度和工作效率会直接影响用户的满意度。

用户反馈是评估健身中心服务质量的关键。与当前设施的常客或会员交谈，健身中心可以从第一线用户那里获得宝贵的信息。这些用户可能会分享关于健身课程的看法，描述与教练互动的经验，或者提出对健身房环境和设备的建议。这些建议和反馈可以为新健身中心提供方向，使其更好地满足用户的需求。除了直接交谈，健身中心也可以通过线上评论、评价系统或社交媒体来收集用户反馈。

二、规划设计

规划设计是公共健身服务设施构建的第二步。

（一）确定公共健身服务设施的最佳地点

公共健身设施的成功运营很大程度上依赖于其地理位置。这不仅仅涉及其中心性或交通的方便性，更关键的是它的位置是否可以满足其目标市场的需求，同时获得稳定的客流和良好的盈利。

地区的经济结构和人群构成十分重要。例如，一个区域内有大量的写字楼和商务中心，这通常意味着这里集中了大量的白领和商务人员。这些人的日常生活节奏快，工作压力大，他们可能更偏向于短时高效的健身方案，或者在工作间隙进行的简单放松的运动。所以，HIIT（高强度间歇性训练）、核心训练或是短时拉伸训练可能会更受这些人的欢迎。相对来看，如果健身设施所在地附近是主要的住宅区，那么其中的居民可能对家庭友好、长时间的健身项目和课程更感兴趣。例如，儿童舞蹈课、亲子瑜伽或是长时段的团体运动。学校或大学附近的健身中心可以考虑为学生提供更多的团队运动项目，如篮球、羽毛球或排球，健身中心还可以加入一些当下年轻人喜欢的新型健身活动，如动感单车、攀岩或是跆拳道。商场或购物中心附近的健身中心则可以结合购物和休闲元素，提供如 SPA、按摩和冥想等与健身相结合的休闲服务，吸引那些希望在购物之余进行放松的顾客。周边环境也会为健身中心的业务带来额外的机会。位于公园或自然景观附近的健身中心，可以考虑推出户外健身课程，如跑步团、自行车队或是户外瑜伽。这些活动不仅可以让会员与自然亲近，同时也可以作为健身中心与其他中心区分开来的特色项目。

确定公共健身设施的最佳地点，需要健身中心提前对所在区域进行深入的市场分析，了解当地居民的生活习惯、需求和期望。只有确保健身中心的位置、服务和特色与当地市场的需求相匹配，才能确保其长期的成功运营和盈利。

（二）确定公共健身服务设施的规模和功能

确定公共健身服务设施的规模和功能，涉及对空间规划的深入思考和前瞻性设计。其中，明确目标市场、与竞争对手的区别化，以及对未来趋势的预判是关键要素。

深入了解目标客户群的健身习惯和需求至关重要。例如，面向年轻人的健身中心，可能会更倾向于提供高强度、短时长的团体训练课程，如动感单车、搏击等有氧和功能性训练。这些课程需要大型的教练带课区和丰富的设备支持。年轻人往往很注重社交和体验，因此，开放式的休息区、互动式的健身挑战和技术驱动的健身解决方案都是健身中心吸引这一群体的有效方式。

对于中老年人，则需要更多地关注他们的健康和康复需求。瑜伽、普拉提、太极等低强度但有助于提高其柔韧性和平衡性的课程可能更受欢迎。此外，中老年人非常注重个人化的健身指导，所以，健身中心为其提供专业的一对一私教服务、健康评估和定期的身体检查也是必要的。另外，舒适的休息区、易于使用的健身器材，以及明亮宽敞的教练带课区都可以丰富他们的健身体验。

考虑竞争对手的差异化定位也很关键。通过市场调查和用户反馈，健身中心需要找出本地其他健身中心所缺乏的，或是受到用户欢迎但供不应求的服务和功能。这不仅可以作为该健身中心的特色，还可以吸引目标区域内那些对现有健身服务不满意的用户。例如，健身中心可以引入新型的健身技术、提供特色课程，或是与当地的营养师和物理治疗师合作，为会员提供全面的健康管理方案。

设施的未来可扩展性是健身中心进行长期规划时必须考虑的。随着时间的推移，市场的需求和趋势都可能发生变化。因此，健身中心的设计应该具有一定的灵活性，以适应未来的发展需求。这包括但不限于，预留的扩展空间、可调整的分隔墙，以及模块化的设备配置。

（三）进行公共健身服务设施的具体设计

在进行公共健身服务设施的具体设计时，设计师应吸取各种经验和意见。与经验丰富的建筑师和室内设计师合作，参考其他成功健身中心的案例，以及进行持续的市场调研，都可以帮助设计师创建一个既美观又实用，既现代又持久的健身中心。

1. 外观设计

一个健身中心的外观是它的"名片"，一个现代、有特色的外观可以为其吸引更多的关注和潜在客户。设计师可以使用玻璃、金属和石材等材料创建一个高端的形象。设计师在设计时还应考虑能源效率、可持续性以及与周围环境相和谐等多个方面的问题。

2. 内部布局

内部布局应该确保流畅的人流和器械的合理布置。核心健身区域应当分为有氧训练区、力量训练区、团体课程区和休闲放松区。此外，为了客户的方便，设计师应考虑包括更衣室、洗手间、淋浴和存储柜在内的便利设施。

3. 器械选择

健身中心应该按照最新的健身标准和趋势来选择器械。固定器械训练和自由重量训练的场地之间应该有足够的间距，以确保客户的安全和舒适体验。器械的布置应考虑初学者和资深健身爱好者的需求。

4. 舒适性和氛围

良好的通风、适当的温度和高质量的音响系统都能提升健身中心的舒适性。柔和的照明、有特色的墙面装饰和专业的背景音乐都能为客户提供愉快的健身体验。

5. 多功能性

当下的健身中心不仅是人们健身的地方，其休息区可以提供健康饮品和小吃；小型图书角可以供客户阅读与健康和健身相关的资料；私教课程区域可以为有特殊需求的客户提供一对一的指导。

6. 技术集成

健身中心引入最新的健身技术，如虚拟健身课程、智能健身追踪系统和开发健身 APP，可以为客户提供更加丰富和个性化的健身体验。这也有助于健身中心与其他竞争者区分开来。

三、筹集资金

在公共健身服务设施的建设中，资金将直接影响设施的规模、功能和服务水平。为了确保资金来源的多样性并降低风险，健身中心应科学对待整个筹资过程。

（一）为项目制定预算

预算涉及的不仅是资金的分配，还包括健身中心对整个项目的深入理解和预见未来的能力。

详细的市场调研是制定预算的关键。健身中心要明确地块的价格和预期价值。地块的选择不应仅基于成本，还应考虑其位置、潜在的客户流量、交通便利性及周边设施。建筑成本是一个重要的因素，它涉及建筑的规模、设计、结构和所用材料的质量。内部设备的选择和配置，如健身器械、淋浴设施、休息室和其他辅助设施，都需要在预算中详细列明。对于人员方面的成本，除了工资、福利和培训费用外，健身中心还应考虑招聘、培训和人力资源管理的成本。确保招募到的员工具有健身中心所需的技能和专业知识，这是健身中心运营成功的关键。

预见未来的能力在预算制定中同样重要。对于运营费用，健身中心要考虑电费、水费、清洁、安全以及日常维护健身设施设备的费用。为了确保设施的持续运营，健身中心必须为设备的维修和更换成立专门的基金。此外，健身中心还需考虑外部因素，如汇率波动、通货膨胀或政策变化，这些都可能对成本造成影响。

透明度是预算制定的又一个关键要素。所有利益相关者，无论是投资者、合作伙伴、赞助商还是客户，都应能够清楚地了解预算的每一个部分，了解资金是如何分配和使用的。这种透明度可以增加相关方的信任，有助于其为项目提供更多的支持。

为了确保预算的准确性，健身中心可以考虑与财务专家、建筑师、供应商和其他相关专家进行合作。他们的专业知识和经验将有助于健身中心更准确地估计各种成本，并为制定预算提供宝贵的指导。为项目制定预算是一个综合性的过程，涉及多方面的考虑和决策，只有一个周全、透明和准确的预算，才能确保项目的顺利进行和成功完成。

（二）从政府、私人和社区资源中筹集资金

从政府、私人和社区资源中筹集资金是一个重要的环节，这涉及各种策略和技巧。这一环节的关键在于健身中心应准确识别潜在的资金来源，了解他们的需求和期望，然后为他们提供有吸引力的项目和合作机会。

政府资金是许多项目的主要资金来源，尤其是与公共利益密切相关的项目。为获得政府的资金支持，健身中心应先了解哪些政府部门或机构负责此类资金的分配，并熟悉他们的申请流程和标准。为了使申请更具吸引力，健身中心可以考虑与公共健康机构、教育机构或其他相关部门合作，这样可以突出项目的多方面价值。

私人投资，无疑是健身中心可争取到的广阔的资金来源。天使投资者通常是成功的企业家或个人，他们不仅可以为健身中心建设公共健身服务设施提供资金，还可以为项目提供商业建议和资源。风险投资公司关注高回报的投资机会，他们通常在初创企业成长阶段提供资金，希望随后通过出售股份或上市获得回报。为了吸引这些投资者，健身中心必须证明项目的竞争力、市场潜力和管理团队的能力。这通常需要通过详细的市场研究、财务预测和战略规划来完成。

社区资源为健身中心提供了一种与地方紧密结合的筹资方式。对于许多社区成员来说，支持本地的项目不仅是投资，更是对社区的回馈。社区众筹活动不仅可以筹集资金，还可以增加项目的知名度和提升社区的参与度。这种筹资方式的关键在于健身中心与社区建立紧密的联系，让他们看到项目带来的直接效益。与当地企业合作也是一种有效的筹资策略。例如，健身中心可以为企业员工提供特殊的会员费折扣，而企业则可以赞助健身中心的设施建设与项目开展。

四、建设施工

建设与施工阶段需要细致的计划和管理。从选择合作伙伴、监控进度、采购材料到确保工地安全，每一个环节都需要由具备专业知识和丰富经验的人负责。只有这样，健身中心才能确保项目的顺利进行，从而为公众提供安全、舒适和高效的健身场所。

（一）建筑商和工程师的选择

一个项目的成功实现，很大程度上依赖于其选定的建筑商和工程师。而对建筑商和工程师的选择并非简单地基于名声或报价，这需要通过综合性的考量。

随着健康和健身日益受到人们的关注，为满足广大人民的健身需求，建设高质量的健身服务设施变得至关重要。在这一建设过程中，选择适当的建筑商和工程师成为关键步骤，他们的资质和能力高低直接决定了项目的成功与否。一方面，在建筑商的选择上，业务经验一般是甲方首要考虑的因素。建筑商不仅需要有丰富的经验，还需要对健身设施市场和用户需求有深入了解。一个财务稳定并具备先进技术知识和实施能力的建筑商会确保项目顺利进行。其次，项目管理能力和与其他承包商、供应商的沟通也同样重要。最后，查看建筑商过去的客户评价和口碑可以帮助甲方做出明智的选择。另一方面，在工程师的选择上，甲方应考虑工程师是否具备专门的资质，并对健身设施的特性和要求有深入的了解。实际工作经验通常比理论知识更为重要，前者可以确保工程师在遇到突发情况时及时、正确地应对。而工程师的沟通能力也是不可或缺的，因为他们需要与项目的各参与方沟通，确保需求得到准确的理解和实施。此外，随着技术和标准的不断变化，工程师还应具备持续学习的能力。健身设施的建设是需要团队共同完成的工作，因此工程师与其他团队成员达成良好的合作关系也是项目成功的关键。

（二）监督工程进度

监督工程进度不仅是甲方对施工时间的管理，而且有助于其对质量、安全和成本的全方位把控。有效的进度监督可以确保项目达到预期目标。

施工方要制定一个详尽且透明的时间表。这个时间表应该详细列出每一个施工阶段的开始日期和结束日期，以及每个阶段的关键节点。这不仅可以为项目团队提供一个清晰的方向，还可以为监督者提供一个衡量进度的标准。除了时间表，公共健身服务设施的建设还需要有系统性的监督机制。这通常包括定期组织进度会议、现场巡查和提供详细的进度报告。在建设的过程中，建筑商和工程师应该提供他们关于项目进度、遇到的挑战、预期的风险和应对策略的报告书。质量控制也是建设公共健身服务设施的核心要素。监督者不仅需要确保项目按时完成，而且要保证公共健身服务设施达到了预期的建筑和安全标准。

值得注意的是，施工现场的安全状况应该受到严格的监控，施工方的负责人应确保所有工作人员都遵循相关的安全程序。保障工作人员的生命安全是每一个项目的首要任务。在监督施工进度时，健身中心相关负责人应与项目团队保持开放和积极的沟通。当出现偏离原计划的情况时，及时的沟通和调整可以大大减少潜在的影响。

监督工程进度是一项复杂而系统的工作。它要求监督者具有广泛的知识、敏锐的观察力和出色的沟通能力，以确保项目按照既定的目标顺利地进行。

（三）设施材料的选择和采购

设施材料的选择和采购直接关系到公共健身服务设施的使用寿命、效率、舒适度和维护成本。每一种材料都有其特定的属性和用途，因此项目团队必须明确其选择的标准和考量。

耐用性是选择材料时需要人们考虑的主要因素。考虑到健身中心会被频繁地使用，因此，其材料必须具有长时间耐磨损和抗损坏特性。例如，地板应选择能够承受大量重型健身设备的压力的材料。环保性已逐渐成为现代建筑中的核心考量。选择可持续的、有低碳足迹的材料，不仅有助于降低建筑对环境的影响，而且可以满足越来越多的客户对绿色和环保的期望。例如，考虑使用再生或可回收材料、采用低挥发性有机化合物的涂料等。效率也是一个重要的标准。具有良好绝热性和隔音性的材料可以为健身中心创造一个舒适的环境，同时降低能源成本。此外，选择反射热量或隔绝热量的材料可以帮助建筑更有效地控制室内温度。

在规划与施工的过程中，有关部门的管理人员要与供应商建立良好的合作关系，这是确保材料质量和供应稳定性的关键。在采购过程中，采购负责人员应进行严格的质量检查，确保每批材料都符合标准。

五、维护更新

公共健身服务设施的成功建设，不仅取决于其最初的设计和建设，还取决于其能否维持一贯的高标准并及时更新以满足客户的变化需求。

（一）定期检查和维护设备

在公共健身服务设施的建设过程中，健身中心管理人员对设备的维护和保养绝不可忽视。

公共健身中心的健身器材种类繁多，每种健身器材都有其特定的使用方式和保养需求。有氧运动机器如跑步机、椭圆机、动感单车等，其复杂的电子结构和机械构造需要专业人员进行定期的检查和调试。任何小故障都可能影响用户的运动效果，甚至对使用者造成伤害。而对于自由重量类的器材，如哑铃、杠铃、壶铃等，虽然它们的结构相对简单，但其承受的压力和冲击力也是巨大的。金属与金属之间的摩擦可能会导致器材的表面磨损，而这种磨损可能会导致使用者在运动中受伤，所以，对这些健身器材进行定期的维护和保养是十分必要的。另外，健身中心的环境因素也会影响健身器材的使用寿命。高强度的运动会使人产生大量的汗水，这些汗水渗入健身器材的表面和内部可能会导致金属腐蚀或电子部件短路。同时，健身中心内的灰尘和微小颗粒也可能对健身器材造成损害。定期的维护和保养不仅可以确保健身器材正常运行，还可以延长其使用寿命，为健身中心节省更换健身器材的成本。

健身器材的维护不仅仅是为了其正常运转，更是为了确保健身者的安全。健身器材的维护和保养，无论从经济角度还是从健身者的体验角度来看，都是健身中心日常运营中不可或缺的一部分。

（二）根据技术和行业发展趋势更新设备和服务

随着技术的发展，健身行业也在不断变革。新的健身方法、课程和设备不断涌现。为了保持健身中心的竞争力，工作人员必须时刻关注行业的最新趋势。例如，开设虚拟健身课程、应用可穿戴健身技术和制定个性化健身计划都是近年来健身行业的热门趋势。

对于公共健身中心来说，考虑引入这些新技术和服务，可能会为其带来新的客户群体和收入来源。除了硬件，软件和服务也需要不断更新。与健身有关的应用程序、健身跟踪软件或会员管理系统等，也需要定期升级以保持其功能的现代性和安全性。客户的反馈是更新策略的宝贵资源。他们的建议和评论可以为健身中心提供有关设备、课程和服务的直接反馈。通过定期的客户调查或在线评论系统，健身中心可以了解他们的需求和偏好，从而进行有针对性的更新。

第六章　拓宽全民健身公共服务体系的路径

第一节　政府加强宏观扶持

政府为构建全民健身公共服务体系而制定的扶持策略如图 6-1 所示。

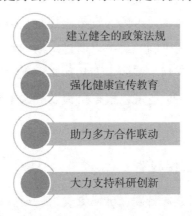

建立健全的政策法规

强化健康宣传教育

助力多方合作联动

大力支持科研创新

图 6-1　政府为构建全民健身公共服务体系而制定的扶持策略

一、建立健全的政策法规

政府建立健全的政策法规是全民健身公共服务体系建设的基石。这样的政策法规旨在创建一个促进公众健康和鼓励人们积极参与体育活动的环境，并鼓励每个人都能参与其中，享受健身的乐趣和好处。

通过提高对全民健身设施和活动的财政支持，政府能够确保更多的公共空间转化为健身友好的场所。这些设施包括公园、运动场、健身步道，以及其他为大众提供锻炼机会的设施。这样的投资不仅能够为公众提供一个安全的锻炼环境，还可以为城市带来更多的绿色空间，这有助于改善空气质量、减轻城市热岛效应并提高居民的生活质量。

对于想要在健身领域创业的私营部门和非营利组织，政府可以通过提供税收优惠或补贴来鼓励他们参与。这不仅可以刺激经济增长，还能够增加健身服务的供给，满足公众日益增长的需求。例如，一个小型的社区健身中心，或者一些专注于特定群体，如儿童或老年人的健身项目，都可以通过这样的政策获得支持，从而进一步拓展其服务范围。鼓励私营部门和非营利组织参与全民健身公共服务还有一个额外的好处，那就是它们往往能够为人们提供更加创新和个性化的服务。由于它们更接近用户，因此它们更容易了解用户的需求和喜好，可以为用户提供更加贴合用户需求的服务。为了确保政策法规真正得到执行，政府还需要建立有效的监督和评估机制。这可以通过定期的审计、用户满意度调查以及与私营部门和非营利组织的定期沟通来实现。这样，政府不仅可以确保资金得到有效使用，还可以根据反馈及时调整政策，确保其始终保持与时俱进。

二、强化健康宣传教育

强化健康宣传和教育是确保全民健身得到广泛认可与参与的核心策略。健康的生活方式不仅是个人的追求，更是国家和社会的共同责任。为了达到这一目标，健康和体育的普及显得尤为重要。

从历史的角度上看，很多健康问题的出现都与人们在日常生活中的不良习惯密切相关。如今，随着社会的发展和生活节奏的加快，人们面临的健康挑战也越来越多。由此可见，健康教育的重要性不言而喻。科学、系统的健康教育，可以引导人们养成健康的生活方式，从而减少疾病的发生。

体育作为健康生活的重要组成部分，它的意义远不止于锻炼身体。高质量的体育可以培养人们的团队精神、毅力和自律，还能够提高人们对健身的兴趣和参与度。在学校中，体育课程不仅可以提高学生的身体素质，还可以培养他们的社交能力、领导才能和合作精神。在社会中，体育活动可以为人们提供放松、交友的平台，组织体育活动有助于增强社区的凝聚力。在许多人的观念中，健康和体育往往被视为次要的，甚至是可有可无的。但实际上，它们对于人的身心健康都起到了至关重要的作用。因此，相关部门要通过各种途径宣传健康和体育的重要性，提高公众的认知度。为了确保健康和体育教学的普及，工作人员还要对其进行系统的改革和创新。例如，引入更多的实践活动，让学生在真实的环境中体验健康和体育的乐趣；与社区、企事业单位合作，开展健康促进活动，提高公众的参与度；引进更多的专家和学者，对体育方面的内容进行更新和完善，等等。

三、助力多方合作联动

在当前社会快速发展的背景下，由于单一部门的努力很难达到预期效果，因此需要跨部门、跨领域的联合努力才能实现全民健身的目标。助力多方合作联动是全面实施健身策略的关键。只有跨部门、跨领域的合作，才能确保健身政策得到全面实施，从而实现社会效益的最大化。

（一）政府与教育部门合作

学校作为培养人才的主阵地，承担着重要的育人责任，它不仅要培育年轻一代的知识和技能，还要为他们树立健康生活的模范。通过学校教育，学生的身体和思维都在快速发展，形成的习惯和观念往往会伴随他们一生。因此，确保体育和健康教育在学校中得到足够的重视不仅是提高学生身体健康的关键，还能帮助他们建立对健康生活方式的正确认知。

通过与教育部门的合作，政府能够推广和落实各种体育和健康教育政策。例如，政府可以为学校提供必要的体育设施和资金支持，鼓励学校增加体育课程的时间，或者为教师提供健康教育的培训。政府也可以通过评估和激励机制，鼓励学校开展更多的健康和体育活动，如运动会等。学校也可以成为推广健康生活方式的重要平台。通过组织各种健身活动和举办相关讲座，学校不仅能增强学生的健康意识，还可以吸引家长和社区居民参与，形成一个覆盖各年龄段、各社会群体的健康教育网络。例如，学校可以邀请医生、营养师或健身教练为学生和家长提供健康咨询，或者与当地的健康组织合作，面向学生及其家长开展各种健康检查和筛查活动。学校还可以与当地的企业和社会组织建立合作关系，共同推动健康生活方式的普及。例如，学校与食品公司合作，为学生提供健康的食品；与体育用品公司合作，为学生提供优惠的体育器材；或者与社区健身中心合作，为学生和家长提供更多的锻炼机会。

政府与教育部门的合作是促进全民健身的关键。这种合作可以使学校成为健康生活方式的推广中心，从而为学生、家长和社区居民提供全面、系统的健康教育和服务。这不仅可以提高公众的健康水平，还可以为社会带来长远的经济和社会效益。

（二）政府与医疗健康部门合作

在当今社会，随着生活节奏的加快和生活压力的增加，人们对健康的需求和关注度也在持续升高。而医疗健康部门，凭借其在健康领域的专业知识和经验，成为政府实施健身策略的得力合作伙伴。

医疗健康部门拥有大量的健康数据和研究资源。这些数据可以帮助政府更加精确地了解公众的健康状况，如各种疾病的发病率、死亡率，以及各个年龄段、性别、地区的健康差异。基于这些数据，政府可以制定更有针对性的健康政策和措施，如为某些高风险群体提供特定的健康服务和支持，或者针对某些疾病进行预防和控制。

医疗健康部门还可以为政府提供科学的健身策略指导。例如，哪些锻炼方式对某些疾病患者更为有效，或者哪些食品和生活习惯对健康有益。这些专业知识和建议，可以帮助政府制定更为科学、实用的健身政策，确保公众得到真正的健康益处。而在实际的健康推广活动中，医疗健康部门也发挥着不可替代的作用。医院、诊所等医疗机构是人们寻求健康服务的首选场所。在这些地方，医务人员可以直接与患者交流，为他们提供健康建议和指导。例如，医务人员可以为糖尿病患者提供饮食和锻炼建议，或者为高血压患者推荐合适的锻炼方式。此外，医疗机构还可以开展各种健康教育活动，如讲座等，帮助公众增强健康意识。同时，医疗健康部门还可以与其他社会组织和企业合作，共同推动健康生活方式的普及。例如，医疗健康部门与健身中心合作，为患者提供优惠的锻炼机会；或者与食品公司合作，推广健康食品和饮食习惯。

所以，政府与医疗健康部门的合作是确保全民健康的关键。借助医疗健康部门的专业知识和资源，政府可以制定更为科学、有效的健身策略，为公众提供全面、高质量的健康服务。而医疗健康部门则可以通过与政府的合作，更好地履行其健康宣传和服务的职责，创造更为健康、和谐的生活环境。

（三）政府与交通部门合作

交通作为社会运行的动脉，不仅关乎每个人的日常出行，更在很大程度上影响着人们的生活质量和健康选择。优化交通设施和服务，可以为公众创造更多的锻炼机会，这还可以鼓励他们积极参与到健身活动中。

建设更多的自行车道和步行道是鼓励健康出行的重要措施。建设自行车道和步行道不仅为人们提供了安全的出行环境，还有助于缓解城市的交通拥堵和减少环境污染。更重要的是，骑自行车和步行都是有益于身心健康的锻炼方式。研究表明，经常骑行和步行可以帮助人们预防多种慢性疾病，如心血管疾病、糖尿病等，也可以增强人的心肺功能和肌肉力量，还有助于缓解心理压力和改善心情。为了更好地支持和鼓励健康出行，交通部门还可以采取一系列优化措施。例如，交通部门可以在重要的交通节点和商业区设立自行车租赁站，为公众提供便捷、经济的自行车租赁服务；或者在自行车道和步行道上设立休息点和补给站，为公众提供便利的休息和补给条件。此外，交通部门还可以通过科技手段，如移动应用、智能导航等，为公众提供实时的交通信息和建议，帮助他们更好地规划和选择出行方式。另外，确保交通网络覆盖所有健身场所也是促进全民健身的关键。健身场所，如体育馆、健身中心、公园等，是公众锻炼的重要场所。如果这些场所能够得到良好的交通支持，公众就更有可能选择参与健身活动。为此，交通部门可以与健身设施提供者合作，进行交通规划和建设。例如，交通部门可以为健身场所提供专用的公交线路或班车服务，或者在健身场所附近设立停车场或交通换乘站，为公众提供便利的出行条件。

政府与交通部门的合作在推动全民健身中发挥着至关重要的作用。优化交通设施和服务，不仅可以为公众创造更多的锻炼机会，还可以为社会带来一系列的经济、环境和健康效益。为此，政府和交通部门应该加强合作，深入研究和实施更多促进健康的交通政策和措施，为公众提供健康、舒适、便利的出行环境。

（四）政府与其他部门合作

如今文化、旅游、商务等部门都成为健康生活方式推广活动的重要参与者，它们之间的联动和互补为公众提供了更多样、更具吸引力的健身选择。文化部门担任的是健康生活方式的传播者和倡导者角色。文化活动、节日庆典等大型活动，往往汇集了大量的公众参与。借助此机会，文化部门可以组织各种健身展示、体验活动，如太极、舞蹈、街舞比赛等，这些活动不仅能够让公众在娱乐中锻炼身体，更可以在文化的传播过程中将健康的理念深植人心。另外，各类艺术表演也可以纳入健身与健康的元素，如宣传短片、主题歌曲等，让健康生活方式融入日常生活的每一个角落。旅游部门与健康的联动，则为公众提供了一个全新的健身视角。一些健康旅游的方式，如瑜伽度假、徒步旅行、冥想修行等，逐渐受到了现代人的青睐。这些旅游形式不仅仅是简单的身体锻炼，更是一种身心的放松与净化。例如，在徒步旅行中，旅行者在欣赏美景的同时，也锻炼了身体，这样的双重收获让健康旅游变得更加受欢迎。此外，各地特色的健康养生旅游资源，如温泉、特色按摩等，也可以与健康生活方式相结合，打造全新的旅游体验。商务部门在健身推广中扮演的角色则是桥梁和纽带。在当今社会，健身产业的蓬勃发展需要更多的资金、技术、人才等资源支持。商务部门可以通过政策引导，鼓励企业、金融机构等参与健身产业的发展，为其提供资金、技术、管理等支持。例如，相关部门可以鼓励企业研发新的健身设备、应用、课程等，为公众提供更加先进、多样的健身选择。商务部门也可以与国际健身机构、企业建立合作，以此提高健身产业的国际竞争力。

四、大力支持科研创新

科技在现代社会中的地位日益凸显，其在体育和健身领域也不例外。随着科技的进步，体育科研为全民健身公共服务体系的构建和完善带来了前所未有的机会。大力支持体育科学研究，可以提增人们的健身效果，确保健身运动的安全性、个性化和普及性。一方面，科研可以为健身方法提供科学依据。通过深入的生理、心理和生物力学研究，科研人员可以更为准确地了解人体在不同健身方法中的反应，从而为公众提供更加合适、高效的锻炼方案。例如，研究心率变异性、血乳酸浓度等指标，可以准确地指导运动员或健身者进行有氧或无氧锻炼。另一方面，创新的健身技术为健身提供了新的可能性。智能健身设备、虚拟现实技术、可穿戴设备等，都为健身者提供了全新的锻炼体验。例如，通过虚拟现实技术，健身者可以在家中体验瑜伽、拳击等各种锻炼，不需要外出就能获得既安全又便捷的健身体验。可穿戴设备可以实时监测健身者的体征，如心率、血压、步数等，它通过为健身者提供及时的反馈来帮助他们调整锻炼强度。科研创新还能针对不同人群提供个性化的健身方案。每个人的身体状况、健康需求和锻炼目标都有所不同，通用的健身方案并不适合所有人。大数据分析、基因检测等技术可以为每个人制定出更加合适的锻炼方案，满足其个性化需求。例如，对于老年人，科研人员可以通过科学研究找出更加适合他们的锻炼方式，以预防他们跌倒、增强其骨密度等。科研创新还有助于降低健身的成本，使更多的人可以享受到健身的好处。高效的健身方法、智能化的健身设备、在线健身课程等，都为公众提供了更加便捷、经济的锻炼方式。随着科研的深入，未来可能还会出现更多新的健身技术和方法，这将为健身领域带来更大的突破。

政府应大力支持体育科学研究，鼓励健身方法和技术不断创新，这是推动健身领域持续发展、满足公众日益增长的健身需求的关键。

第二节　社区倾力参与配合

社区构建全民健身公共服务体系时可开辟的具体路径如图 6-2 所示。

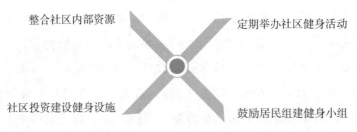

图 6-2　社区构建全民健身公共服务体系时可开辟的具体路径

一、整合社区内部资源

资源整合是社区推动全民健身公共服务体系构建的重要方式之一。确保有充足、合适的健身场地和健身设施是成功组织和开展各种健身活动的前提。在这个过程中，社区不仅要考虑空间的规模，更要关注其质量和功能性。

（一）合理利用社区空地

合理利用社区空地建设公共健身空间对居民的身心健康有着至关重要的意义，同时也能够为社区注入更多的活力，使之成为居民们交流、互动的社交场所。

不同的空地面积和地形可以针对不同的健身活动进行规划。例如，一些面积较小且安静、隐蔽的空地可以被设计成冥想角或瑜伽角，为居民提供一个远离城市喧嚣的休憩之地。而宽阔、平坦的场地则更适合进行如足球、排球等集体运动。基于空地的特性，设计师可以考虑种植一些适合户外运动场地种植的植被，如草坪或其它耐踩的植物，这不仅能美化环境，还可以保护土地。若条件允许，设计师还可以设立一些简易的户外健身器材，如拉伸杆、健身骑行器或平衡木，供居民自由使用。

空地的照明和安全也不容忽视。高效的照明系统可以保证居民在傍晚或清晨时分也能安全地进行锻炼。安装围栏和监控设备可以确保场地的安全，避免意外事件的发生。合理的空地设计还可以考虑到社区内不同年龄段的居民。例如，为儿童设计的游乐场可以融合一些简单的运动元素，如攀爬网或平衡木，鼓励他们在玩耍中进行体能锻炼。针对老年人则可以设置一些低强度、易于操作的健身器械。另外，社区还可以在空地上定期举办各类活动，如健身操大赛、户外瑜伽课程等，使之成为居民们交流互动的场所，这还可以增强社区的凝聚力。这些活动不仅能够鼓励居民更加积极地参与体育锻炼，还为他们提供了社交的机会。

空地的存在不仅为社区居民提供了锻炼身体的场所，更是社区活力的体现。而如何合理地利用和改造这些空地，则需要社区工作人员的智慧和努力，以及社区工作人员与居民之间的紧密合作。

（二）整合已有公共设施

优化和升级后的公共设施不仅能更好地满足居民的健身需求，还能为社区营造更为和谐、活跃的氛围。因此，整合已有的公共设施是至关重要的。

为了确保活动中心能更好地满足人们多样化的健身需求，设计师可以对活动中心的内部结构进行调整。例如，将某些不常使用或较为狭小的空间改造为专门的健身区，如设置哑铃、杠铃、跑步机等基础健身器材，以满足居民的日常健身需求。这种做法不仅可以为居民提供一个距离较近的锻炼场所，还可以降低他们去商业健身房的经济压力。

为了迎合不同年龄层的居民，活动中心可以设立多个特定的健身区域，如儿童游乐区、老年健身区和女性专属健身区。这样，每个人都能在适合自己的环境中进行锻炼。活动中心可以考虑引入一些新型的健身方式，使锻炼更有趣和科技化。这样不仅能够吸引年轻人，还能够鼓励更多的中老年人参与到健身活动中来。对于那些空间较大的活动中心，增设室内温水游泳池或室内田径场是很好的选择。尤其在天气寒冷或雨季时，居民可以选择在室内进行锻炼，这样不受天气的影响。此外，温水游泳池还有助于关节炎或肌肉疼痛患者的康复，这为他们提供了一个理想的锻炼环境。为了更好地服务居民，活动中心还可以设置专门的健身咨询处，由专业的健身教练或营养师为居民提供健身指导和饮食建议。这样，居民在进行锻炼时，不仅能够得到正确的指导，还可以确保自己的身体健康得到全面的保障。在整合公共设施的过程中，社区居民的需求和建议是非常重要的。相关管理人员可以通过调查问卷、座谈会或线上平台，收集他们的意见和建议，确保改造后的公共设施真正满足他们的需求。

（三）联合当地体育机构或健身中心

联合当地的体育机构或健身中心，使其共同构建公用健身服务体系，是一种充分利用资源、提升公共服务质量的有效策略。这种合作的深层次价值不仅在于简单的资源共享，更在于它为社区居民创造的全新的健身体验和机会。

体育机构往往有丰富的体育赛事举办经验和严格的训练体系。通过与其合作，社区可以定期举办各类体育赛事，如羽毛球比赛、乒乓球竞赛或是趣味运动会等。这些活动不仅可以增强社区居民的身体素质，还能加强邻里之间的交流，促进社区的和谐发展。

健身中心通常配备有专业的健身教练和先进的健身设备。社区可以邀请这些教练为居民提供各种健身指导，如瑜伽、普拉提、舞蹈等。这样，居民不需要远走他处，就能在家门口享受到专业的健身指导。

社区与体育机构和健身中心开展合作，可以为社区居民提供一系列的培训课程。例如，针对青少年和儿童，社区可以开设体育夏令营或健身训练营，帮助他们在假期中增强身体素质，培养其团队精神，对于中老年人，社区可以提供太极、气功等传统健身方式的培训，帮助他们放松身心，延缓衰老。合作涉及一些长期的健身计划或健身挑战赛事。例如，设立"百日健身挑战"或"万步行走计划"，鼓励居民持续锻炼，并引导居民追求更好的健身成果。这些活动的组织和实施，都可以得到体育机构和健身中心的专业支持。

不可忽视的是，这种合作模式还能在经济层面为社区带来实实在在的益处。对于健身中心和体育机构来说，进入社区，与社区开展合作，也是一种拓展市场、宣传品牌的手段。而社区可以通过与健身中心和体育机构签订合作协议，获得一定的资金支持或者设备捐赠。

二、定期举办社区健身活动

社区是人们交流、交往、参与各种社会活动的重要场所。在各社区活动中，健身活动的开展在许多方面都具有重要意义。定期举办的健身活动为居民提供了一个释放压力、强身健体的平台。随着生活节奏日益加快，人们往往容易感到疲惫和压抑。通过参与健身活动，人们可以在锻炼中找到乐趣，还可以在提高身体素质的同时达到放松心情、减轻压力的效果。健身活动不仅仅是体育运动那么简单。它也可以成为一个社交的理由，它为居民提供了交流和互动的机会。通过健身活动，邻里之间可以相互认识，建立友情，这有助于增强社区内部的凝聚力。此外，这样的活动还能带动相关的产业发展，如健身培训、器材销售、健身饮品等方面的内容。这些都为社区创造了经济效益。对于很多家庭来说，社区健身活动是很好的活动选择。孩子们可以在活动中锻炼身体、形成团队合作精神，老年人则可以通过适度的运动来维持身体健康，预防一些老年疾病。这样，不同年龄层的居民都能从中受益。从公共服务体系的角度看，健身活动的开展是拓宽社区服务范围、完善社区功能的重要组成部分。社区的公共服务不仅仅是为居民提供基础设施，更多的是为居民创造一个舒适、便利、有序的生活环境。社区的居民提供的健身服务不仅满足了居民的健身需求，还加强了社区内部的交流与互动，增进了邻里之间的友谊与理解。当然，健身活动的举办需要社区工作人员进行充分的准备和组织。例如，选择合适的地点、时间，确保器材的安全与完好，安排专业的教练和指导等。这都需要社区的管理者和组织者付出大量的努力和精力。但从长远来看，这些付出都是值得的。因为健身活动不仅能提高居民的身体健康水平，更能促进社区的和谐发展。

三、社区投资建设健身设施

健身设施的建设反映了现代社区对居民健康的高度重视。随着生活水平的提高，人们对健康和生活质量的追求也越来越高。健身不仅可以使人们增强体质，预防疾病，还可以调节人的心情，释放压力。一个配备了先进健身设施的社区，无疑会吸引更多关注健康生活的居民。传统的社区服务往往集中于安全、卫生、教育等基础领域，而现代社区则更注重向居民提供多元化、个性化的服务。健身设施的建设，既满足了居民的基本需求，也为居民提供了增进邻里关系、促进社区和谐的平台。居民在健身的过程中，不仅可以锻炼身体，还可以与邻居互动，分享健身经验，增进彼此的了解和友谊。健身设施的建设还能带动社区经济的发展。一方面，健身设施的建设和维护需要大量的人力和物力投入，这为社区创造了一定的就业机会；另一方面，健身设施也可以吸引外部居民前来使用，从而带动社区内的商业和服务业发展。健身设施的建设并不是简单的复制和移植，它需要根据社区的具体情况和居民的需求进行精心设计和规划。例如，居住群体中老人、儿童较多的社区可以考虑增设儿童游乐区和老年人休闲区，青年人群体较多的社区则可以考虑建设高科技健身房和运动场地等。

社区投资建设健身设施，不仅能为居民提供更加完善的公共服务，更能创造一个更加健康、和谐、有序的生活环境。这样不仅能吸引更多的居民，还能增强社区的凝聚力，促进社区的长远发展。

四、鼓励居民组建健身小组

各类社区可以在力所能及的范围之内，鼓励居民组建健身小组，健身小组将成为一种有效的手段，以促进公共服务体系全面建设和不断发展。

居民组建健身小组能够有效提高人们参与健身活动的积极性。独自锻炼或前往远离住所的健身中心对许多人来说可能是一个巨大的心理障碍。但与朋友或邻居一起进行团队健身活动，则能增加这些人锻炼的乐趣和动力。例如，某社区的张先生和几位邻居共同成立了一个晨跑小组，每天清晨一起进行晨跑，不仅增强了身体健康，还加深了彼此之间的友情。健身小组可以为社区居民提供多样化的健身选择。不同的人对健身有不同的需求，通过小组的形式，他们可以根据自己的喜好选择适合自己的健身活动。例如，李女士和她的朋友们特别喜欢瑜伽，于是她们成立了一个瑜伽小组，在社区的公共活动室进行定期练习。健身小组还能够为居民提供更加专业和个性化的健身指导。有些小组可能会邀请专业的健身教练进行指导，有些则会根据小组成员的需求和建议，制定适合的健身计划。例如，王先生是某健身小组的负责人，他经常为小组成员安排专业的太极拳教练来进行指导，让大家更加科学地锻炼。

不仅如此，通过组建健身小组，社区居民还能够更好地共享健身资源。例如，健身器材、健身场地、健身教程等，都可以在小组内部进行共享和调配，这避免了资源的浪费，同时提高了资源的利用效率。此外，健身小组也为社区居民提供了一个增进交流与互助的平台。在共同的健身活动中，居民可以互相鼓励、互相帮助，这有助于形成积极向上、互助互爱的社区文化。

第三节　企事业单位合作联动

一、企事业单位合作开发公共健身项目

企事业单位合作开发公共健身项目，有助于推动建身公共服务体系发展，这体现了现代社会对健康生活方式的重视以及对社区健康福利的关注。在这种合作模式中，企业和事业单位结合各自的优势，为公众提供了更加专业和丰富的健身服务。

事业单位，如地方政府、卫生局或体育局，通常掌握大量公共资源和社会服务经验。这些单位可以为公共健身项目的开发提供场地、政策支持、宣传推广等。例如，一些城市的地方政府会为市民建设公园等公

共空地，作为其举办健身活动的场地。卫生局或体育局还可以为企业提供行业数据、市场调研、健康教育等支持。

企业通常具有强大的资金实力、技术支持、市场运营经验以及品牌影响力。例如，某知名健身品牌可以与地方体育局合作，共同在公园或社区中心开设健身课程，为人们提供专业的健身器材和教练培训。在开发公共健身项目的过程中，企业不仅可以引入最新的健身理念和技术，还可以为项目提供广泛的市场宣传和推广。

这种企事业单位合作模式，对公共健身项目的开发带来了诸多好处。例如，事业单位提供的场地和企业提供的健身器材，可以构建出一个完整的健身中心，为公众提供一站式的健身服务。这种合作还能够推动健身产业的发展。事业单位和企业的合作，可以向公共健身项目的开发中引入更多的资金、技术和管理经验，这可以进一步提升公共健身服务的品质和水平。例如，某城市的政府部门与一家健身品牌合作，共同开设了一家高端健身中心，为当地居民提供了最先进的健身器材和课程，吸引了大量的会员加入。

对于公众来说，这种合作模式为其带来了更多的选择和便利。公众可以根据自己的需要和偏好，选择不同的健身课程和服务。例如，一家社区健身中心可能会提供瑜伽、舞蹈、跑步、力量训练等多种课程，这可以满足不同人群的健身需求。

不容忽视的是，企事业单位的合作也存在一些挑战。双方需要建立良好的沟通和合作机制，确保项目的顺利进行。双方还需要对健身项目进行持续的评估和优化，确保公众获得的服务是高品质和高效的。

二、企事业单位合作构建健身信息交流平台

在数字化时代，信息的获取与传播速度越来越快，人们的生活方式也因此发生了变化。越来越多的人开始关心健康，追求健康的生活方式。在这个过程中，一个权威、系统的健身信息平台变得尤为重要。它

不仅为大众提供了健身知识、技巧，还为健身爱好者、教练和机构提供了一个交流与合作的平台。

事业单位，如体育局或健康局，通常具有公信力和大量的公共资源。这些单位可以为健身信息交流平台提供权威的健身知识、政策指导、资金支持以及其他必要的资源。例如，某省体育局会定期发布一系列的健身指导手册，为人们提供科学、实用的健身知识。

企业通常在技术、市场运营、用户体验等方面具有优势。企业可以为健身信息交流平台的构建提供技术支持、市场推广、内容创新等服务。例如，健身科技公司可以为平台提供最新的健身应用程序、虚拟健身教练、智能健身计划等创新服务。

在这种企事业单位合作的模式下，健身信息交流平台能够为人们提供更加丰富、专业、创新的服务。人们可以在平台上找到适合自己的健身课程、教练、健身房等资源。健身爱好者、教练和机构也可以在平台上分享自己的经验、技巧和故事，与其他人交流与合作。

这种合作模式还为健身产业的发展创造了更多的机会。事业单位和企业在合作构建健身信息交流平台的过程中，他们可以引入更多的技术、资金和管理经验，进一步提升健身产业的专业度和市场份额。例如，某市与一家健身科技公司合作，共同开发了一个智能健身教练系统，为人们提供了个性化、智能化的健身计划，吸引了大量的用户。然而，企事业单位的合作也面临一些挑战，如如何确保信息的权威性、如何保护用户的隐私、如何实现商业与公益的平衡等，这些问题都需要双方共同努力和创新解决。

企事业单位合作构建健身信息交流平台，为全民健身公共服务体系的发展提供了一个新的方向。这种合作模式不仅有利于满足人们的健身需求，也为健身产业的发展创造了更多的机会。在未来，随着科技的进步和人们健康意识的增强，期望更多的企事业单位能够加入这一行列，共同为社会提供更加完善的健身服务。

第七章 构建全民健身的良好社会风气

第一节 大力开展体育建设文化宣传活动

一、大力开展体育建设文化宣传活动的现实意义

大力开展体育建设文化宣传活动，这不仅仅是一个简单的运动宣传，还深层次地影响了文化、健康、经济、社会等多个维度。其现实意义非常深远，涉及每一个国民的日常生活乃至国家的长远发展。

从文化的角度看，体育除了具有竞技魅力以外，它还是一种文化传承和文化交流的方式。每一项体育活动都承载了一种文化内涵，它代表了一种生活态度、一种集体精神和一种民族特色。例如，武术不仅仅代表了中国的战斗技巧，更展现了中华文化中的和谐、刚柔并济和天人合一的哲学思想。通过体育建设文化宣传活动，可以将这些深厚的文化内涵传递给更多的人，使之成为各国人民共同的文化遗产。

从健康的角度看，体育对个体和社会的健康贡献是巨大的。在现代社会中，随着生活节奏的加快和工作压力的增大，越来越多的人面临着身体健康和心理健康的双重威胁。体育运动不仅能够锻炼人的身体，增强人体的免疫功能，还能舒缓人的心情，使人心情愉悦、精神焕发。如

今，马拉松、瑜伽、登山等运动逐渐成为都市人的日常选择，这些运动不仅可以提高人的身体素质，也满足了人们追求健康、追求生活质量的内心需求。

从经济的角度看，体育产业在现代社会的经济地位日益提高。体育大赛、体育用品、体育旅游、体育赛事直播等都为国家带来了巨大的经济效益。例如，每一次奥运会或世界杯都会带动当地的旅游、餐饮、住宿等产业的发展，为东道主国家带来数十亿甚至数百亿的经济效益。此外，与体育相关的广告、代言、品牌合作也为企业和体育明星带来了巨大的经济利益。

从社会的角度看，体育有着强烈的社群效应。同一支球队的粉丝，不分国界、不分种族、不分年龄，他们因为对一支球队、一个运动员的喜爱而聚在一起，形成一个强大的社群。这种社群的力量不仅仅体现在赛场上，更体现在生活中。例如，世界各地的"曼联"球迷会定期组织线下活动，不仅为了一起看球，也为了彼此之间交流、分享对球赛的看法。

大力开展体育建设文化宣传活动的现实意义不可小觑，只有真正理解并重视体育的多重价值，我们才能更好地促进体育的发展，使之真正成为人类文明的一部分。

二、大力开展体育建设文化宣传活动的具体路径

每一项体育运动都承载了一种文化，代表着一个民族的活力和精神。要想让更多的人参与到体育活动中，就需要强化体育文化的深度和广度。大力开展体育建设文化宣传活动是一种有效的手段。宣传活动可以帮助人们理解和认同体育的价值，从而激发他们的参与热情。为此，我们必须探索具体的宣传路径，整合各种资源，确保信息的有效传播，让每个人都能感受到体育的魅力，进而将其融入自己的日常生活当中。这不仅有助于促进全民健身，还能传承和发展体育文化。体育文化宣传

活动的具体路径如图 7-1 所示。

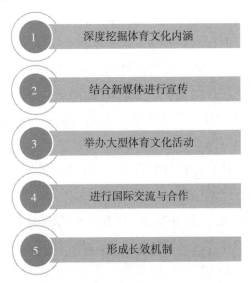

图 7-1　体育文化宣传活动的具体路径

（一）深度挖掘体育文化内涵

体育，作为人类文明的一个重要组成部分，其与各个国家和民族的历史、文化紧密相连。无论是现代热门的体育赛事，还是历史上的传统运动，它们都与其所处的社会背景、文化价值观及历史发展脉络息息相关。探讨体育项目的起源，往往能够直观地反映一个民族的生存环境和生活习惯。例如，因生活在多沙漠、干旱地带的埃及人发明了射箭，而生活在冰雪覆盖的土地上的因纽特人则发展出了雪橇运动。实际上，这些运动都是基于当地的自然环境和人们的日常需求而产生的，它们体现了当地人对于生活的热爱和对环境的适应。

历史维度也是挖掘体育文化内涵的重要方向。体育项目的变迁和发展，往往与社会的变革、科技的进步、文化的交流等因素密切相关。例如，古希腊的奥林匹克运动会，旨在宣扬和平与友谊，通过体育赛事使各城邦之间加强联系。而中世纪的骑士锦标赛则是当时的封建社会阶层、军事技能和骑士精神的一种文化体现。从文化价值的角度来看，体育无疑是传承、宣传一个国家和民族核心价值观的重要手段。日本的柔道、巴西的足球、我国的乒乓球，这些运动不仅体现了各自国家在体育领域的优势，更承载了各自民族的精神特质、价值观和社会理念。更为重要的是，体育不仅仅是比赛，更是情感的汇聚、集体的象征和个体的自我实现。每一场赛事，无论胜败，都为观众带来了共鸣和情感的释放。这种共鸣超越了国界、语言和种族，成为一种全人类的共同语言和情感连接。此外，体育也是对个体意志、毅力和团队合作能力的一种锻炼和考验。每一个运动员都可以在赛场上挑战自我、超越极限，展现自己对于梦想和目标的不懈追求。深度挖掘体育文化内涵，有助于更加全面地理解和认识体育这一特殊的文化现象。体育运动不仅仅是简单的身体运动，更是一个国家、民族文化的传承、情感的汇聚和价值观的体现。只有真正理解这一点，才能更好地推动体育文化的发展和传播，使其在全球范围内得到更广泛的认同和尊重。

要强化学术研究与文献梳理，设立专门的研究团队或机构，集中对各种体育项目的历史、起源及其与当地文化的关系进行研究。对已有的体育历史文献进行整理和研究，找出其文化内涵。还要进行教育普及，将体育文化的知识纳入学校的教育课程，让学生从小就对体育有一个深入的认识。对体育教练和其他从业者也要进行培训，使他们更深入地理解体育的文化价值，并将其传递给更多的人。同时，更要鼓励公众积极参与体育文化活动，如体育知识竞赛、体育文化节等。通过这些活动，让更多的人了解体育的文化价值，并鼓励人们将其传播与推广开来。

（二）结合新媒体进行宣传

在信息化快速发展的今天，新媒体已经成为人们获取信息、娱乐和社交的重要渠道。

结合新媒体进行体育文化的宣传，能够有效扩大传播范围、提高受众的参与度，并创造更加丰富多彩的体验。

　　社交媒体是连接全球数十亿用户的桥梁。各类平台提供了人与人在虚拟世界直接互动、分享内容的机会。体育组织和个人可以定期发布关于比赛、训练、背后的故事等内容，与粉丝建立紧密的联系。在线视频平台可以为体育内容创作者提供了一个展示才华、分享知识的平台。他们可以在这些平台上发布赛事回放、技巧教学、体育纪实片等各种视频。为了吸引观众，创作者们还可以设计有创意的视频主题，如"一分钟看懂篮球比赛""世界各地的街头足球文化"等系列视频。各式各样的移动应用也能够为体育文化提供更加个性化、便捷的传播方式。可以开发与体育文化相关的移动应用，如虚拟现实体验、健身教学、比赛预测等。除了以上提到的方法，还可以结合其他新媒体形式，如音频播客、虚拟现实、增强现实等，设计有趣、吸引人的与体育相关的内容。关键是要真实、有深度、有创意，并能够与受众产生情感共鸣。

　　涉及新媒体形式的宣传实践，有关部门工作人员可以从三个方面开展工作：一方面，要明确目标受众，分析并确定想要达到的目标受众，如年轻人、学生、体育爱好者等，以便为其量身定制内容。另一方面，对内容进行创新，通过团队头脑风暴，设计与体育文化相关的有创意的内容。最后，鼓励受众参与互动，如评论、点赞、转发等，并根据反馈进行调整优化。

（三）举办大型体育文化活动

　　举办大型体育文化活动，是进行体育文化宣传的重要方式。体育文化不仅仅存在于赛场或电视屏幕上，它更是一种生活方式，一种对于健康、友谊、团队合作与竞争精神的体验和传承。举办大型体育文化活动，是让更多人真实接触、感受和了解体育文化的重要途径。其中，体育展览是展示体育历史、技术、装备、艺术与文化的窗口。一场成功的体育展览，可以展出古老的体育器械，介绍传统体育项目的起源与发展；展示现代赛事的经典瞬间、名将的风采；还可以借助先进的技术，如 3D 打印、虚拟现实等，重现经典比赛，让观众有一种身临其境的感觉。体育讲座则是知识与情感的交流平台。知名的运动员、教练、体育记者、历史学家等，可以受邀分享他们的故事和见解，带领听众深入体育的背后，了解比赛背后的策略、运动员的成长经历、赛事的社会意义等。而对于听众来说，这不仅是一个增长体育知识的机会，更是与喜爱的运动员近距离接触、获得鼓励与启示的宝贵机会。"体育体验日"更是一种互动性极强的活动。它鼓励公众走出家门，亲身参与各种体育项目，体验运动的快乐和挑战。不同于正式的比赛，体验日更强调参与体验，不论老少，都可以在此找到适合自己的项目。

举办大型体育文化活动的具体实践路径如下：第一，确定活动目的与目标受众。无论是为了宣传某个体育项目，还是为了庆祝某个体育盛事，或者是为了普及体育知识，都要分析并确定目标受众，如学生、家庭、企业团队等。第二，要进行活动策划与预算，制定详细的活动策划书，包括活动内容、时间、地点、宣传策略等。同时预估所需的经费，并寻找合适的资金来源，如门票收入、赞助商、政府补贴等。第三，要开展活动宣传与推广，利用各种渠道，如新媒体、传统媒体、海报、传单等，进行活动宣传，吸引更多的参与者和观众。还可以进行现场布置与活动执行，确保现场设备、场地、人员等都准备就绪。

（四）进行国际交流与合作

国际交流与合作不仅是提高自身竞技水平的重要途径，更是推动全球体育文化交流、促进世界和平与发展的重要手段。只有广泛、深入、持续地与其他国家进行交流与合作，才能更好地理解、尊重和欣赏彼此的体育文化，从而共同为全人类营造一个更加和谐、健康、快乐的体育环境。

每一项国际性的体育赛事，都是各国运动员技艺与毅力的展示平台。参与这些赛事能够提升国家的国际地位，并为运动员提供与世界顶级选手交流学习的机会。而对于主办国而言，赛事的成功举办可以大大提高其国际知名度，吸引大量的游客和投资者。除了参与赛事，还可以组织或接受各种形式的培训和学习交流。例如，邀请外国的顶级教练来国内开设培训课程，或派遣优秀的运动员和教练员到国外进行短期或长期的学习。这种交流可以帮助双方快速了解彼此的训练方法、技术策略和体育文化，从而提高整体的竞技水平。

体育不仅是竞技，更是文化。通过组织各种文化体验与交流活动，如文化之夜、友谊赛、体育艺术节等，可以让人们更深入地了解其他国家的体育文化，从而与之建立深厚的友谊和信任。这种交流不仅仅是在运动场上，还可以延伸到教育、艺术、科研等多个领域，从而形成全方位、多层次的交流与合作。为了确保交流与合作的长期性和持续性，体育有关部门还可以与其他国家签订双边或多边的合作协议，这些协议可以为双方的合作提供法律和制度的保障，同时还可以通过这些协议争取外部资金和技术支持，从而为国内的体育发展注入新的活力。

（五）形成长效机制

为了使体育文化深入人心且得到延续和传承，建立一个长效机制是至关重要的。这意味着在社会的各个层面上，都需要有一系列持续、稳定的措施和活动，旨在推广、保护和研究体育文化。

要设立固定的体育文化节，为公众提供一个固定的时间节点，以庆祝和体验体育文化。类似于其他重要的文化和纪念日，体育文化节可以集中展示体育的历史、技术、艺术和文化价值。它可以包括如比赛、表演、讲座和工作坊等各种形式的活动，从而为公众提供丰富的体验和学习机会。

要建立体育文化研究所，体育文化研究所可以成为对体育历史、技术、哲学和艺术进行深入研究的中心。招聘专家、学者和研究人员进行前沿的研究工作，为体育事业的发展提供科学的指导和支持。研究所还可以与国内外的大学、研究机构和体育组织建立合作关系，共同推进体育科研工作。

为了确保体育文化宣传的持续性，可以与企业、媒体、学校和其他组织建立长期的合作关系。通过合作，双方可以共同组织和推广各种体育文化活动，如比赛、培训、展览和讲座，为公众提供更多参与和学习的机会。为了保障体育文化活动的资金来源，可以设立一个体育文化基金。这个基金可以接受来自政府、企业、社会团体和个人的捐款，专门用于支持体育文化的研究、宣传和活动的开展。基金可以为体育文化的发展提供稳定的资金支持，确保其长期、健康和持续的发展。还可以在学校的课程中加入体育文化教育的内容，让学生从小了解体育的历史、技术、哲学和文化价值。通过教育，可以培养学生对体育的热爱和尊重，为未来的体育文化发展培养一代又一代的支持者和传承者。

综上，必须建立一个长效机制，确保在社会各个层面上都有一系列的措施和活动。在一系列措施活动的促进下，持续、稳定地推广、保护和研究体育文化，不断推动体育文化的传承与发展。

第二节　强化校园体育文化教育教学活动

一、强化校园体育文化教育教学活动的现实意义

随着全球化进程的深入和信息技术的快速发展，现代社会对人们的身体健康和心理素质都提出了更高的要求。在这样的大背景下，校园体育文化教育教学活动的地位也日益提高，在拓宽全民健身公共服务体系的进程中发挥着重要的现实意义。

（一）促进学生身体健康的发展

学业的压力、电子设备的过度使用和日常生活的种种忙碌使得学生往往缺乏足够的体育锻炼。而校园体育文化教育活动作为一种积极的、系统的健身方式，能够为学生提供一个健康的身体发展环境，这一点尤为关键。

现代的生活方式导致了学生的久坐现象日益严重。不少学生在放学后习惯于沉浸在手机、电视或电脑的虚拟世界中，忽略了身体健康。久坐不仅会导致青少年的肥胖，还可能引起诸多生活方式相关疾病，如颈椎病、近视和糖尿病。而强化体育文化教育活动则可以为学生提供一个定期锻炼的机会，使他们能够摆脱久坐的恶习，慢慢养成积极的运动习惯。

体育锻炼不仅可以提高学生的体能，还有助于调节他们的心理状态。众所周知，青春期的学生情绪波动较大，容易受到挫折的影响。而适当的体育锻炼可以释放大脑中的内啡肽，使学生们感到轻松和愉悦，从而有效缓解学习和生活中的压力。参与体育活动还能培养学生的团队精神和竞技意识。在团队项目中，学生们学会了合作与沟通，培养了团队协作的能力；在竞技中，他们学会了挑战自我、超越极限，形成了坚韧不拔的意志。这些对于学生的身心健康都是极为有益的。

强化体育文化教育活动还能为学生提供一个健康的社交平台。在体育活动中，学生可以结识很多志同道合的伙伴，共同参与运动，相互鼓励，形成深厚的友情。这种健康的社交方式相较于网络社交，更能为学生们提供一个真实的、互助的社交环境。

（二）弘扬体育精神

体育精神，如公平、公正、尊重对手、坚韧不拔等，为我们提供了人生的经验与智慧，塑造了一个完整的道德观和世界观。在校园体育文化教育教学活动中，弘扬体育精神的重要性不言而喻。体育竞技中的"公平公正"不仅仅是赛场上的基本准则，更是我们日常生活中的行为导向。在竞技场上，每一个参赛者都按照统一的规则竞技，没有特权，也没有偏见。这样的原则使得每一个人都在同一条起跑线上，凭借自己的努力和才华去争取胜利。这种精神在现实生活中也有着广泛的应用。无论在学校、工作还是社会中，我们都应该秉持公平公正的原则，让每一个人都有平等的机会去展现自己，去追求自己的梦想。与此同时，"尊重对手"也是体育竞技中的核心价值之一。无论是胜利还是失败，我们都应该给予对手应有的尊重。胜者不应骄傲自大，败者不应沮丧失落。每一次的竞技都是一个学习的过程，是对自己能力的一次检验。尊重对手，就是尊重自己，尊重这次竞技带给我们的所有经验和教训。而"坚韧不拔"的精神，更是体育精神的核心所在。在竞技场上，许多时候，我们面临着巨大的困难和挑战，可能是身体上的极限，也可能是心理上的压力。但是，优秀的运动员们不会轻易放弃，他们会坚持到底，直到最后一刻。这种精神在我们的生活中也有着广泛的启示。无论面临多大的困难，我们都应该坚定自己的信念，勇往直前，不畏困难，直至最后的胜利。体育精神不仅仅是竞技场上的口号，更是生活中的行为准则。在校园体育文化教育教学活动中，我们应该重视体育精神的培养，使其深入到每一个学生的心中。

（三）建设和谐校园

校园体育活动不仅能够使学生强健体魄，还能培养他们的文化包容性，增强他们的社交能力，从而有效地建设和维护一个和谐的校园环境。在这样的环境中，每一个学生都可以自由地展现自我，与他人建立深厚的友情，为未来的生活做准备。

体育的本质是公平竞赛和团队合作，这为不同背景的学生提供了一个公平的互动场所。在运动场上，每一个参与者都是凭借自己的努力和才能来获取机会，而不是因为他们的种族、宗教或文化背景。这样的环境能够促使学生们放下偏见，真正地去了解和欣赏每一个团队成员的特质。通过体育活动，学生们有机会接触到来自不同文化和国家的运动和游戏。例如，中国的太极、印度的板球、巴西的足球等等，每一种运动都承载了其独特的文化和历史背景。通过参与这些运动，学生们不仅能够锻炼身体，更能深入地了解和体验各种文化的魅力和深度。

体育活动通常要求团队合作，这使得学生们必须学会相互信赖和支持。在团队中，不同文化背景的学生需要共同合作，找到最佳的策略和方法来达到目标。在这种合作过程中，他们会相互学习，相互理解，从而打破文化和种族之间的隔阂，增强团队的凝聚力。体育竞技中的成功和失败都是暂时的，这使得学生们更容易接受各种不同的观点和方式。在运动场上，今天的胜者可能是明天的败者，这种不确定性使学生都以平等和尊重的态度对待他人。这种态度不仅在竞技场上很重要，也是在现实生活中建立和维护和谐关系的基石。

（四）培养全面发展的人才

现代社会尤其是在知识经济和全球化的背景下，呼唤的不仅仅是学术能力出色的人才，更需要既有知识储备、技能水平，又具备高尚情操和卓越人格的全能型人才。这样的人才能够在多种情境下灵活应变，面对挑战时能够展现出独特的创造力和解决问题的能力。单纯的学术教育虽然可以为学生提供深厚的知识基础，但在某种程度上可能忽视了学生其他方面的发展，如身体健康、团队合作、领导能力和社交技能等。而体育文化教育，则恰恰弥补了这一缺陷。

体育活动是提高学生身体素质的最佳方式。一个健康的身体是学习和工作的基石，也是追求生活品质的重要前提。参与体育锻炼能够使学生强健体魄、提高免疫力、延缓衰老，减少因久坐和缺乏锻炼带来的健康问题。体育活动是团队合作和领导能力的"练习场"。在体育竞技中，学生需要与队友紧密合作，分工协作，以达成共同的目标。在这个过程中，他们不仅可以学习如何与人沟通和合作，还能培养领导能力和团队精神。强化体育文化教育是培养全面发展人才的关键。这样的教育方式不仅可以为学生提供坚实的知识基础，还可以帮助他们在技能和情操上实现全面的发展，使他们更好地适应和应对现代社会的挑战。

（五）提供多元化的教育路径

教育的目的不仅仅是为了传递知识，更重要的是为了帮助每一个学生发现并发挥其独特的潜能。因此，教育不应该是单一化的，而应该是多样化的，这样才能满足学生不同的兴趣和需求。强化体育文化教育，正是为了实现这一目标，为学生提供了更为丰富和多元的教育选择。

体育文化教育为学生提供了一个不同于传统学术领域的学习平台。有些学生可能在数学、科学或语言学习上面临困难，但他们在体育活动中展现出了卓越的才华。这些学生可以通过体育建立自信，并找到自己的价值和位置。此外，一些体育项目，如舞蹈和武术，还融合了艺术和文化元素，使学生能够在运动中体验到文化和艺术的魅力。体育文化教育为学生提供了实践和体验的机会。与单纯的课堂学习不同，体育活动更强调实践和体验。在体育活动中，学生可以亲身参与、实际操作，这不仅可以增强他们的身体素质，还可以培养他们的观察、思考和判断能力。体育文化教育还可以作为一个平台，帮助学生建立人际关系。在体育活动中，学生需要与队友合作，与对手竞技，这使他们有机会与他人建立深厚的友情，学习如何与他人交往和合作。这种人际交往的能力对于未来的社会生活和职业生涯的发展都是非常宝贵的。

二、强化校园体育文化教育教学活动的具体路径

在当今时代，学术教育不再是教育的唯一重点。随着社会的进步，人们越来越意识到身心健康与综合能力对于学生的重要性。

校园体育文化教育便显得尤为关键，它不仅锻炼了学生的体魄，更在某种程度上塑造了他们的精神风貌。具体落实和强化这一教育活动并非一蹴而就的，而是需要一套全面而精细的策略，旨在真正提升学生的体育兴趣、技能和文化修养，从而达到构建全民健身的社会风气的目标。

（一）加强体育课程设置

在全球化的今天，世界各地的文化逐渐交融，这为校园体育文化教育带来了无尽的可能性。设计多样化的体育课程是让学生更好地体验这种文化交融的重要手段。

传统体育不仅仅是对本国文化的传承，更是世界体育文化的一个缩影，其中蕴含了各个民族在发展过程中凝练的智慧与经验。现代体育则代表了技术进步和社会发展带来的新的运动方式和观念，它们更强调科技与运动的结合，让体育更加高效、健康。舞蹈和武术是体育与艺术、历史的完美结合，它们不仅具有强健体能的作用，还能够培养学生的审美情趣和文化修养。例如，中国的太极、印度的瑜伽和西方的芭蕾舞都是各自文化中的瑰宝，它们背后所蕴含的哲学、历史和技巧都值得深入学习和研究。但仅仅开设这些课程还不够，如何让学生能从中受益是加强体育课程设置的关键。每个学生都有自己的兴趣和擅长的领域，有的喜欢团队运动，如篮球、足球，有的则偏向于个人项目，如游泳、跑步。此外，还有学生可能对舞蹈、武术等有浓厚的兴趣。因此，分级教学显得尤为重要，它可以使每个学生都能在适合自己的课程中得到锻炼，并发挥所长。体育课程设置还应该注重学生的身体健康和心理健康，选择适合不同年龄段和身体状况的学生的课程，确保他们在锻炼中能够得到全面的提高，而不是单纯地追求技能或成绩的提高。

加强体育课程设置是培养学生身体和心灵的重要手段。在这个过程中，应该充分考虑学生的兴趣和特点，确保每个学生都能从中受益。

（二）促进师资队伍建设

高水平的体育教育系统离不开专业、有热情的师资队伍。体育教师不仅要掌握专业的体育技能和知识，还要有教育学的背景，这样才能更好地理解学生的需求，以采用有效的教学方法来达到教学目的。为了达到这一目标，学校和教育机构必须重视师资队伍的建设，为体育教师提供持续的学习和发展机会。

首先，要强化继续教育。对于体育教师而言，这不仅意味着要不断更新自己的体育知识和技能，还要关注教育领域的最新研究和发展，了解新的教学方法和策略。通过参与培训和研讨会，体育教师可以与同行交流，获取新的灵感，同时也可以得到反馈，不断完善自己的教学方法。

其次，要强化国内外师资交流。世界各地的体育教育都有其独特的方法和特点，通过交流和学习，体育教师可以借鉴其他国家和地区的优点，丰富自己的教学手段。例如，日本的体育教育注重团队合作和纪律，而美国则更加强调学生的个人发展和兴趣。通过学习这些不同的教学理念，体育教师可以更好地满足学生的多样化需求，为他们提供更为全面的教育体验。

最后，要提供师资资源后备补充。这包括为教师提供先进的教学工具和设备，如多媒体技术、虚拟现实等，以及提供专业的教学材料和课程设计支持。此外，学校和教育机构也应该为体育教师提供一个良好的工作环境，包括合适的教学场地、充足的教学时间和适当的班级规模。

建设一支专业、有热情的师资队伍是强化校园体育文化教育的关键。通过提供持续的学习和发展的机会，以及充分的资源和支持，可以确保体育教师能够为学生提供最高水平的教育。

（三）加强体育设施建设

完善现代化的体育设施不仅能够满足学生日常锻炼的需求，还可以激发学生对体育的兴趣和热情，进一步推动学生的身心健康发展。

增加体育场地和器材的投入是确保学生能够充分锻炼的基础。随着体育教育的多样化和个性化，不同的体育项目需要不同的场地和设备。例如，篮球、足球和网球需要大型的室外场地，而瑜伽、舞蹈和武术则需要平稳、宽敞的室内场地。此外，随着科技的发展，许多新的体育项目和锻炼方法也需要特定的器材和设备，如健身房的各种器械、虚拟现实体育训练等。但仅仅建设这些设施还不够，日常维护和更新设施也同样重要。体育设施在长时间的使用中可能会出现损坏或老化的情况，这不仅会影响学生的锻炼效果，还可能对学生的安全带来威胁。因此，定期进行维护和更新是确保设施长久使用、提供高质量锻炼体验的关键。这包括对场地进行清洁和修复、对器材进行检查和更换，以及引入新的技术和设备。同时，加强体育设施建设也可以为学校和社区提供更多的交流和合作的机会。完善的体育设施可以吸引更多的学校和团体来此进行交流和组织比赛，从而有效促进各方之间的友好合作和共同进步。例如，学校可以与社区或其他学校合作，共同使用和管理体育设施，以提高设施的利用率和效益。

（四）开展丰富的体育文化活动

在现代教育体系中，体育文化活动已经不仅仅是简单的运动锻炼，它已经融合了文化、艺术、交际和其他多重元素，为学生带来了更为丰富和多维度的体验。

校园体育文化节，作为这种活动的典型代表，能够为学生提供很好的锻炼身体、展示才华的机会，可以有效培养他们的团队协作意识、竞争意识和文化认同感。通过体育比赛，学生可以在健康的竞技中培养团结、合作和尊重对手的品质。而舞蹈演出和武术表演则为学生提供了展示自己文化和艺术才华的舞台，让他们在欣赏和学习的过程中深化对传统文化和现代艺术的认知。邀请外部专家和团队到校进行交流和演出，这是开阔学生视野的绝佳方式。外部专家不仅能够为学生带来新的知识和技能，还可以通过交流和互动进一步激发学生对体育文化的兴趣和热情。例如，可以邀请世界级的体育选手分享他们的经验和故事，让学生了解到成功背后的付出和努力，还可以邀请不同文化背景的舞蹈和武术团队，为学生带来异国的艺术风情，拓宽他们的文化视野。除了定期的大型活动，校园里还可以组织一些小型的体育文化活动，如主题跑、健身马拉松、体育知识讲座等。这些活动更加贴近学生的日常生活，可以让他们在轻松愉快的氛围中，体验到运动的乐趣和文化的魅力。

（五）加强与家长和社会的合作

校园体育文化教育的成功并非仅靠学校自身的努力，学校与家长和社会的深度合作也起到了至关重要的作用。家长是学生成长过程中的第一位教育者，而社会作为一个更大的舞台，为学生提供了丰富的学习和锻炼的机会。

邀请家长参与学校的体育文化活动是强化家校合作的重要举措。家长的参与不仅能够为学校活动注入新的活力和创意，还可以加强家长与学校的沟通与合作，形成共同教育、共同成长的良好格局。例如，学校可以组织家长与学生的亲子运动会，让家长和孩子在运动中增进情感，共同体验成功和挑战。此外，家长也可以作为特邀嘉宾，分享自己在体育、艺术或文化领域的经验和感悟，为学生提供独特的学习机会。与当地社区和企业建立合作关系，是为学生拓展体育文化教育的外部资源。当地社区通常拥有丰富的文化和体育资源，与之合作可以为学生提供更为广泛和深入的体验。例如，学校可以与社区联合举办体育文化节，邀请社区居民参与，形成学生、家长、社区三方共同参与的活动模式。此外，与当地企业合作，可以为学校带来更为专业和系统的支持。有些与体育相关的企业拥有先进的体育设备、培训资源或专业团队，这些资源可以与学校共享，使学生获得更为高质量的体育文化教育。加强与家长和社会的合作，充分利用外部资源，不仅可以优化体育文化教育，还可以加强学校与外部的联系，形成多方参与、共同成长的教育生态。家长、社区和企业的参与，将为学生带来更为丰富和多样的学习机会，使他们在体育文化的浸润中，更好地成长为全面发展的人才。

（六）注重学生的个体差异

在教育领域中，对待学生个体差异的态度已成为成功教育的关键之一。尤其在体育文化教育中，教师认识到并尊重学生的不同兴趣和能力，将帮助他们更加自信和主动地参与体育活动，享受体育的乐趣并从中获得成长。

学校可以引入技术手段，如智能化评价系统，来精确评估学生的体育能力和兴趣。这种系统能够帮助教师了解学生在不同体育项目上的表现，从而为每个学生提供更为精细化的指导。例如，教师通过该系统可以识别出在长跑、跳高或球类运动上有特殊才华的学生，并针对他们的特长进行更为专业的培训。开设特色体育课程是另一种重要方式。诸如山地骑行、徒步旅行、潜水等非传统的体育项目，不仅能够提供全新的体验，还能帮助学生开发他们的潜能，增强他们的自信心和自主性。这类特色课程通常会吸引一群对传统体育项目不感兴趣的学生，为他们提供了一个展现自我和自主探索的平台。例如，徒步旅行不仅锻炼了学生的体能，还培养了他们的团队协作和生存技能。除此之外，还可以针对不同的学生群体组织各种体育工作坊和研讨会。例如，对于那些在某一体育项目上有特殊兴趣的学生，可以组织相关的讲座、示范和实践活动，让他们与专家和爱好者直接交流，以获得更多的启发和动力。为了充分激发学生的兴趣，学校可以与其他学校或机构合作，举办各种体育交流活动。这样，学生不仅能够体验不同的体育文化，还可以与来自不同背景的同龄人交流和比赛，从中获得更多的乐趣和成长。

注重学生的个体差异，为他们提供个性化的指导和帮助，是培养学生持续参与体育文化教育的关键。只有当学生觉得自己被充分理解和尊重的时候，才会更加积极和主动地参与体育活动，才能真正健康、快乐地成长。

（七）培养学生的体育文化意识

体育文化意识不仅仅是对体育活动的热爱和参与，更是对体育在人类文明中地位和价值的深入理解。这种意识涉及对体育的历史、哲学、价值观和社会影响的认识。强化这种文化意识是确保学生真正从体育活动中受益，并将其应用到日常生活中的关键。

学校可以将体育史纳入体育课程中，让学生了解体育的起源、发展和在不同文化中的地位。例如，古希腊的奥林匹克运动会不仅仅是一个体育竞赛，更是一个宗教、文化和政治的盛事。了解这些背后的文化和历史背景，学生可以更加尊重和珍视他们参与的每一项体育活动。可以通过案例分析的方式，深入探讨体育中的伦理和价值观。比如，分析著名的体育赛事中出现的争议和冲突，让学生从中认识到公平、公正、尊重对手等体育精神的重要性。这些真实的案例会让学生更加直观地理解什么是体育精神，并将其应用到实际的运动场上。为了让学生更加深入地体验体育文化，学校可以组织学生参观体育博物馆、名人堂或历史悠久的体育场馆。在这些地方，学生可以感受到体育历史的沉淀，见证体育健儿们的辉煌成就和坚韧不拔的精神，从而培养学生的体育文化意识。同时，邀请历史上的体育健儿或体育学者到学校举办讲座和分享，也是一个非常有效的方式。他们的亲身经历和深入的研究，会为学生提供一个全新的视角，帮助他们更加深入地理解体育文化。

不仅如此，学校还可以组织各种与体育文化相关的创意活动，如体育题材的绘画、摄影、写作等比赛。这些活动不仅能够提高学生对体育的热情，还能够培养他们的创新精神和批判性思维。

培养学生的体育文化意识不仅仅是教给他们体育技能，更是培养他们对体育的热爱、尊重和深入理解。只有这样，学生才能真正体验到体育的乐趣，并将其融入自己的日常生活中，逐渐成长为身心健康、有文化修养的现代公民。

（八）建立评价和反馈机制

评价和反馈机制为教育者提供了关于教学质量和效果的宝贵信息。特别是在体育文化教育中，这种机制不仅可以帮助教师了解学生的学习情况和需求，还可以为教师提供关于如何提高教学质量和满足学生需求的指导。

学校可以采用多种评价方法，确保评价结果的客观性和全面性。这包括但不限于自我评价、同行评价、学生评价、家长评价等。每种评价方法都有其独特的优点，能够给出不同角度的反馈。例如，学生评价可以直接反映学生对教学的满意度和需求，而同行评价则可以为教师提供专业的建议和意见。为了确保评价结果的真实性和有效性，学校可以采用匿名评价方法，鼓励学生、教师和家长真实地表达自己的意见和建议。此外，评价内容应该具有针对性，关注教学方法、内容、效果等重要的几个方面，而不仅仅是对教师的好恶。评价结束后，学校应该组织专门的团队或委员会对结果进行分析和总结。这些专家可以根据评价结果，为学校提供关于如何调整和完善教学方法和内容的具体建议。例如，如果多数学生反映某一课程内容过于简单或难以理解，学校可以考虑调整课程难度或引入新的教学方法。为了确保评价和反馈机制的持续运作，学校应该定期进行评价，如每学期或每学年一次。这不仅可以为学校提供及时的反馈，还可以跟踪教学改进的效果和成果。学校还应该鼓励教师之间多进行交流与合作，分享各自的教学经验和方法。这种互相学习的方式，可以帮助教师不断地更新自己的教学理念和技能，提高教学质量。

需要注意的是，建立评价和反馈机制并不意味着一切都应该按照评价结果来做。学校应该根据自己的教育目标和实际情况灵活地调整和完善教学。评价和反馈机制只是提供了一个参考和指导，真正的教育质量和教学效果如何还需要教育者凭借专业知识和经验进行判断和决策。

第八章 提升体育健身相关服务人员的专业水平

第一节 定期为工作人员提供专业培训

一、制定培训计划和内容

制定培训计划和内容是为了确保每位服务人员都能够有效地提升自身的专业能力。要做到这一点，不仅需要了解他们的职责，还需要了解他们在实际工作中的真实需求。例如，体育教师可能对新的教学方法和技巧感到好奇，而体育器材管理员可能更关心如何提高器材的使用寿命。制定培训计划和内容的路径如图 8-1 所示。

图 8-1　制定培训计划和内容的路径

（一）确定培训的目标

确定培训目标是整个培训计划中最为关键的一环。一个明确而有针对性的目标会使培训活动更具方向性，有助于增强培训效果。而在这一环节中，与服务人员的沟通是尤为重要的，因为他们是培训的直接受益者。

为了真正理解服务人员的需求，可以组织一系列的焦点小组讨论会。在这些讨论中，邀请不同部门、不同级别，甚至不同经验的服务人员，这样可以从多个角度了解他们所面临的问题和挑战。例如，新入职的体育教师可能对某些教学技巧不够熟悉，而经验丰富的器材管理员可能对新型器材的使用和维护存在疑问。通过与他们进行深入交流，可以更加具体地了解到这些问题和他们的需求。在与之沟通前，可根据收集到的信息制定一份详细的需求调查问卷。问卷应该旨在深入了解服务人员在工作中的实际困难，以及他们对培训的具体期待。这样的问卷不仅可以对话题进行量化，还可以为更多的服务人员提供发声的机会。在数据收集完成后，应该进行详细的数据分析，确定哪些需求和期望最为迫切，哪些可以在后续的培训中逐步解决。这时，与服务人员的再次交流就显得尤为关键，确保数据分析的结果与他们的实际情况相符。当然，培训的目标和内容并不是一成不变的。在培训过程中，应根据服务人员的反馈进行适当的调整。这可能涉及更改培训材料、增加某些主题或减少其他不太受欢迎的部分。培训结束后，也可以通过问卷调查或访谈的方式，进一步了解服务人员的满意度，为下一次培训提供参考。确定培训的目标是一个系统而细致的过程，涉及多个步骤和多方的参与。只有确保目标的明确性和针对性，才能确保培训活动的成功和有效性。

（二）确定培训的具体内容

公共体育服务人员的角色是多元化的，涵盖教练员、场地管理者、活动组织者等多种角色。因此，确保他们接受全面且具体的培训至关重要。公共体育服务人员是公共体育设施和活动的核心。他们承担着教育、指导、管理和推广体育的任务，因此，他们的能力直接关系到体育服务的质量和效果。为了确保服务人员能够高效地工作，需要为他们提供全面的培训。公共体育服务人员需要了解体育的基本知识。这不仅包括各种体育项目的规则、技巧和战术，还包括人体生理学、运动生物力学和体育心理学等基础知识。这样一来，他们不仅能够指导参与者如何正确地进行体育活动，还可以提供有关运动伤害预防、健康促进等方面的建议。公共体育服务人员还需要掌握一系列管理和组织技能。他们需要知道如何管理体育设施，包括场地的使用、设备的维护和存储、安全规定的执行等。他们还需要具备组织和推广体育活动的能力，因此可能涉及市场营销、公关、活动策划和管理等方面的知识，当然沟通技能也是公共体育服务人员所必需的。他们需要与不同的人群交往，包括参与者、家长、合作伙伴、供应商等。他们需要知道如何有效地传达信息，如何处理冲突，以及如何建立和维护良好的人际关系。此外，公共体育服务人员还需要了解当地、国家和国际的体育政策和法规，知道如何在法律框架内工作，以确保体育活动的合法性、安全性和公平性。同时，他们还需要关注体育行业的最新动态，了解新的技术、方法和理念，以保持自己的竞争力。

为了确定培训的具体内容，可以先进行需求调查，了解服务人员的现有能力和他们在工作中遇到的问题。可以通过问卷、访谈、观察等方式收集信息。然后根据调查结果制定培训计划以及确定培训的目标、内容、方法和时间表。在培训过程中，可以邀请专家、学者或有经验的服务人员来授课，确保培训的质量和效果。培训结束后，可以进行评估，了解培训的效果，为下一次培训提供参考。

公共体育服务人员的培训是提高体育服务质量的关键。只有当他们掌握了所需的知识和技能，才能更好地服务于大众，推动体育事业持续发展。

（三）选择合适的培训方法

公共体育服务人员的培训涉及多种教学策略和方法。选择适当的培训方法对于培训效果的提升，具有至关重要的作用。

由于公共体育服务人员面临的挑战和任务不同，因此他们所需的培训方法也会有所不同。对于一些基本的、通用的知识和技能，如体育规则、基本教学方法等，可以选择传统的课堂讲授方法。这种方法可以确保大家都能掌握基本的内容，有一个共同的知识基础。然而，对于一些更为复杂、实践性强的知识和技能，如团队合作、冲突处理、活动组织等，可能需要选择互动性和实践性更强的培训方法。例如，可以使用案例分析法，让服务人员分析和讨论真实的、与他们工作相关的案例，从中提取经验和教训。这种方法可以帮助他们更好地理解和应对实际工作中的问题。模拟情境也是一个有效的培训方法。可以设计一些与公共体育服务相关的模拟情境，让服务人员在一个安全的环境中进行实践和尝试。这样，他们可以在不担心失败的情况下尝试新的方法和策略，从而增强自己的自信心。工作坊和研讨会也是常用的培训方法。可以邀请体育行业的专家、学者与服务人员共同探讨某个话题或问题。这种方法可以提供新的知识和视角，拓宽服务人员的视野，同时也为他们提供了一个与同行交流和学习的机会。

除了以上提到的培训方法以外，还可以考虑应用现代技术，如在线培训、虚拟现实等。这些方法可以为服务人员提供更为灵活、个性化的学习资源和环境，帮助他们更好地适应不断变化的工作需求。此外，不同的人所喜欢和适合的培训方法也是不同的，因此，在选择培训方法时，还要考虑服务人员的学习风格和需求。在设计培训计划时，可以进行需求分析，了解服务人员的期望和偏好，从而确定更为合适的培训方法。

（四）评估是确保培训效果的关键环节

评估不仅是衡量培训效果的工具，更是优化和完善培训内容、方法的参考指南。对于公共体育服务人员的培训，有效的评估机制可以确保培训内容的实用性，同时也能对培训方法进行调整以更好地满足服务人员的学习需求。为了全面了解培训效果，评估应该从多个维度进行。可以采集培训参与者的直接反馈，通过问卷、访谈、小组讨论等方式，收集他们对培训内容、方法、环境等方面的意见和建议。这种第一手的信息是评估的重要依据，可以直观地反映培训的优点和不足。但仅仅依赖参与者的主观反馈可能会有偏差，因此还需要采用一些客观评估的工具和方法。比如，培训机构或单位可以设计一些测试题目或任务，要求服务人员在培训后完成，以此来衡量他们的学习效果。这种方法可以更为准确地评估服务人员的知识掌握和技能应用程度。为了了解培训效果的持久性，培训机构可以在培训结束后的一段时间内，对服务人员进行跟踪调查，了解他们在实际工作中如何应用所学的知识和技能，以及他们在应用过程中遇到的问题和挑战。这种跟踪评估可以提供关于培训长期效果和实用性的宝贵信息。除了对参与者进行评估，还可以邀请其他相关人员参与。比如，可以请教培训的组织者、讲师等，了解他们对培训效果的看法。他们可能会提供一些从不同角度看到的信息和建议，为评估提供更为全面的视角。在收集了足够的评估信息后，需要对其进行系统分析，找出培训的优势和不足，从而为未来的培训提供参考。例如，如果多数参与者反映某个话题或方法对他们很有帮助，那么可以在以后的培训中增加这部分的内容；反之，如果某部分内容被认为是冗余或不实用的，可以考虑进行调整或删除。

评估是培训过程中的关键环节，它可以为培训的持续改进提供方向和动力。通过有效的评估机制，可以确保公共体育服务人员的培训始终与实际需求保持一致，从而提高他们的服务质量以更好地满足公众的体育需求。

二、在线培训和远程学习

在科技的持续推动下，在线培训和远程学习在现代教育和培训领域占据了重要的位置。学校通过为体育服务人员提供在线培训课程和资源，开启了一个新时代的学习模式，它解决了地理、时间和资源上的限制，使学习变得更加灵活和个性化。

这种模式解决了地理上的限制。服务人员无需走出办公室或家门，就可以通过电脑、平板或手机接入各种培训内容。这不仅节省了交通时间和费用，还减少了因出差或培训而导致的工作中断。时间的灵活性也是在线培训的巨大优势。与传统的面对面培训相比，服务人员可以根据自己的日程安排自由选择学习的时间，这对于那些日程紧凑、经常加班或有不规律工作时间的人来说是一个巨大的福音。学校提供的在线资源是丰富多样的，视频教程、互动模拟、实时答疑、在线测验和学习社区等多种形式的资源可以满足不同学习风格的服务人员的需求。这也使得学习过程更加生动有趣，从而进一步提高体育服务人员的学习效果。

但是，学校在提供这些资源时也需要注意几个关键点：内容的质量是最核心的。无论多么先进的技术和平台，如果内容不具备深度、广度和实用性，都很难吸引服务人员进行长时间的学习。因此，学校在制定在线课程时，应与一线的体育专家和教育者紧密合作，确保内容的准确性和实用性。学习平台的用户体验也很重要。一个直观、流畅、易于操作的学习平台会极大增强服务人员的学习积极性。为此，学校可以考虑与技术公司合作，或者购买已经成熟的在线学习管理系统。

随着技术的持续发展，在线培训和远程学习为学校的体育服务人员提供了前所未有的学习机会。学校需要充分利用这些机会，确保服务人员能够在这个数字时代不断提升自我，从而为学校的体育教育事业作出更大的贡献。

三、评价和反馈

评价与反馈确保了培训的持续性和有效性，对于学校为体育服务人员所提供的培训，这一环节尤为重要。正因为如此，评价和反馈不应该是培训结束后的事务，还要穿插在整个培训流程中，以便更准确且适时地对培训活动进行调整。

（一）采用多种方式进行考核

采用多种考核方式以得出对服务人员的综合评价，以确保其全面发展。这涉及对基础知识、实际技能和在工作中的应用能力的评估。

在当今教育环境中，特别是在体育领域，要求服务人员不仅仅是理论知识的掌握者，还必须是实践操作的高手。传统的考核方式如笔试虽然很重要，但仅依靠这种方式可能无法全面反映一个人在实际情境中的表现。因此，可结合现代技术进行考核，这将为评估者提供更为丰富和多元的数据。对于笔试，题目的设计应该注重实际情境的模拟，而不仅仅是对知识点的罗列。比如，可以设置一些情境题，要求答题者描述如何处理特定的体育教学问题或如何管理特定的器材故障。这样的题目不仅可以考察其理论知识，还可以检验其实际应用和解决问题的能力。

在线平台的测试则具有更大的灵活性和广泛性。选择题和填空题可以通过自动评分系统快速得到结果，而模拟软件则可以为评估者提供一个真实的工作环境，让他们可以看到服务人员在面对实际问题时的反应和处理方式。例如，可以使用模拟教学软件来测试体育教师的教学技能，或使用器材管理模拟软件来测试管理员的器材维护能力。

当然，考核并不能只针对个人技能进行测试，还应该注重其在日常工作中的实际表现，这就需要与其他部门和同事进行紧密合作。例如，可以与学生合作，对体育教师的教学方法进行评价；可以定期检查器材的使用和维护记录，以评估器材管理员的工作效果。

为了确保考核的客观性和公正性，评估者应该接受相关的培训和指导，确保他们了解评估的标准和方法。同时，服务人员也应该在考核前得到充分的准备和指导，知道他们将面临的考核内容和形式，以减少焦虑感并提高考核的准确性。

总体而言，对服务人员的考核应该是一个综合、多元和持续的过程，注重其知识、技能和实际表现的全面评价。通过这样的考核，不仅可以确保他们为学生提供高质量的体育服务，还可以为他们的进一步发展和提高提供有力的支持。

（二）收集服务人员的意见和建议

服务人员的意见和建议为优化和完善培训内容提供了重要反馈，这些宝贵的反馈能够为体育组织指明改进的方向，帮助他们更好地满足服务人员的需求，从而提高培训的有效性和效率。为了获得准确和有代表性的反馈，有必要进行广泛的调查。这不仅包括服务人员，还应该涉及其他相关人员，如培训师、管理者和相关部门的领导。他们可以从不同的角度提供宝贵的意见和建议，从而确保培训内容的全面性和适应性。问卷调查是最常用的收集反馈的方法。设计合适的问卷是关键，要确保问题的清晰、具体、中立和有针对性。问卷可以分为定性和定量两种，定量问题如选择题、评分题可以为数据分析提供直观的参考；而通过定性问题如开放性问题、简答题则可以深入了解服务人员的具体想法和建议。而小组讨论和个别访谈则提供了更深入且细致的反馈。通过面对面的交流更直接地了解服务人员的想法，发现他们在培训中遇到的具体问题，并为他们提供改进的具体建议。此外，这种交流方式还可以增强服务人员的参与感和归属感，使他们更愿意为培训的改进提供建议。然后还要对收集到的数据和反馈进行深入的分析。这包括对问卷结果进行统计分析、找出反馈中的共性和特性，以及对小组讨论和个别访谈的内容进行整理和归纳。通过对这些数据的分析，可以明确培训中存在的问题、需要改进的地方，以及服务人员的具体需求。最后，基于上述分析，对培训内容、方法和教材进行调整和完善。这可能涉及修改培训大纲、引入新的教学方法、更换或更新教材等。同时，为了确保这些改进措施的实施效果，还应该定期进行反馈和评价，继续收集服务人员的意见和建议，确保培训始终与实际需求的一致性。

（三）邀请第三方机构对培训进行评估

邀请第三方机构进行培训评估是一项具有前瞻性的重要决策，通过这种评估方式能够有效提升评估的专业性、客观性和中立性。第三方机构通常拥有丰富的经验和独特的工具，可以进行全面而深入的分析。他们的评估模式可能包括最新的科研成果、创新的技术手段和国际化的视角。由于第三方机构与学校、组织之间不存在直接的利益关系，因此他们可以提供中立、不带偏见的评估报告。在选择评估机构时，应多了解他们的资质、经验、过往案例以及客户反馈。一些知名的第三方评估机构可能已经建立了良好的声誉，但也有一些新兴的机构可能在某些领域表现出色。因此，还需要仔细比较和选择，确保所选机构可以满足特定的需求和期望。在与第三方机构合作的过程中，要确保双方的沟通是畅通的。在评估开始之前，双方应就评估的目标、范围、方法和时间表达成一致。此外，为了确保评估能有良好的效果，学校或组织应为第三方机构提供所需的所有信息和资源，如培训材料、参与者名单、教育场地等。此外，与第三方机构建立起的合作关系不应仅限于单次的评估。为了确保培训的持续改进，可以考虑与第三方机构建立长期的合作关系，定期邀请他们开展评估工作。这种合作还可以拓展到其他领域，如课程开发、教材选择、教育技术的引进等。

第二节　推广和实施职业资格认证制度

一、明确认证的标准和要求

在推广体育建设公共服务的职业资格认证制度中，明确的认证标准和要求是关键所在。通过设定这些标准和要求，不仅可以使公众得到高质量的体育服务，同时也为从业者提供了一个明确的发展方向。

对体育知识的扎实掌握是这一制度的基石。无论是基本的体育项目规则和技巧，还是更为深入的运动生理学、营养学、心理学等，都是公共体育服务人员必备的知识与能力。这些知识能够帮助他们更好地为大众服务，并满足不同人的需求。

在技能方面，不仅要求从业者能够熟练地使用各种体育器械和设备，还希望他们具备一定的教育和管理能力。这样一来，无论是在教学和指导方面，还是在设施的管理和维护中，他们都能够展现出高超的技能。

教育背景和工作经验同样重要。一个相关领域的本科或更高学历，通常能够保证从业者具备足够的专业知识。而实际的工作经验则能够有效提升他们的实践能力和洞察力，使他们在面对各种问题时都能够迅速做出正确的判断。而为了确保这一制度的持续有效性，定期对标准和要求进行修订是必不可少的工作。随着科技的进步、社会的变化和体育行业的发展，这些标准和要求应当与时俱进，确保公共体育服务始终保持在一个高质量的水平。

二、建立公正、权威的认证机构

在推广体育建设公共服务的职业资格认证制度中，建立一个公正、权威的认证机构是核心所在。该机构的建立不仅是为了统一标准，也是为了确保每一个获得认证的从业者都是真正的专家。

（一）明确的宗旨与任务

为体育建设公共服务职业资格认证机构设立明确的宗旨与任务是至关重要的。这意味着机构的核心目标和追求应该是确保考试内容的权威性和合理性，从而确保每一位获得资格认证的从业者都是真正具备所需技能和知识的合格的专家。但仅仅拥有这样的目标还不够，机构的运作还需在公开透明的前提下进行。

机构不应仅仅是作为一个考核标准的提供者而存在。为推动整个体育产业的持续进步，机构要具备深远的愿景，同时能够灵活适应时代的变革和行业的发展。章程或规章制度是机构运作的基石，它需要详尽并公开，从而为机构内部提供明确的运作指导，也使得外界能够了解机构的职能和运作逻辑。

在制定宗旨与任务时，机构不应孤立自己。而是要广泛征求体育行业内给出的各种意见，这样能确保机构的方向与整个行业的发展趋势是相契合的。并且，随着时间和技术的进步，机构的宗旨和任务应当是活的，可以进行调整和优化，以保持其时代感和前瞻性。

透明化是确保公众对认证机构信任度的关键。因此，机构在工作中的所有决策、流程、考试大纲和评分标准都应该公之于众。同时，机构还应鼓励各方积极提出反馈和建议，这样可以帮助机构更好地为社会服务。

此外，与国内外其他认证机构的合作与交流也是机构工作的一部分，它有助于机构了解最佳实践、吸取经验并不断完善自己。最终，机构在制定宗旨和任务时，必须确保其决策过程中的独立性，这样才能使每一个决策都能更好地服务体育行业和社会，而非特定的团体或个人。

通过这些方式，可以确保认证机构在体育建设公共服务职业资格领域中的权威性、独立性和社会影响力，从而更好地为体育产业的持续发展和进步提供支持。

（二）综合性的团队构成

为促进体育建设公共服务职业资格认证机构的权威性和公正性，构建一个综合性的团队是关键。这个团队既要有深厚的体育学术背景，也要有丰富的实践经验和行业洞察力。从各个角度出发，可以确保机构制定的认证内容和标准既科学又具有实际应用价值。

从学术层面来说，招纳一批有影响力的体育学者是十分有必要的。他们通常拥有多年的研究经验和对体育学的深入了解。他们可以为认证内容提供坚实的理论基础，确保所制定的标准既严谨又实用。这也意味着认证机构可以从最新的研究中获取灵感，确保其内容不会与时代脱节。

教育专家在团队中起到桥梁一样的作用。他们不仅熟悉体育学的理论，还擅长将这些理论转化为具体的培训和考核内容。通过他们的专业知识，认证机构可以确保其考核方式既有挑战性，又能够真实反映申请者的实际能力。行业领军人物是连接机构与体育行业的重要桥梁。他们通常具有丰富的实践经验和对市场的敏锐洞察。通过他们的参与，认证机构可以确保其标准既具有前瞻性又符合实际工作需要。他们可以帮助机构理解市场的最新趋势，预测未来的发展方向，从而为机构提供有力的决策支持。除了上述团队成员以外，还可以考虑邀请其他相关领域的专家，如心理学家、法律顾问等，为认证内容的制定提供更为全面的支持。在心理学家的帮助下可以更好地理解申请者的心理状态，为考核方式提供建议，而法律顾问则可以确保所有的内容都符合相关的法律法规。为确保团队的高效运作，还可以设立定期的会议和研讨会。在会议上，各方可以共同探讨、交流看法，确保认证内容的持续更新和完善。同时，通过外部培训和交流，团队成员还可以不断提升自己的专业能力，为机构带来更为先进和新颖的思路。为了确保公众的信任，认证机构的团队构成和决策过程应该是透明的。这样一来，外界可以了解机构是如何制定其标准的，也能够对其提出有用的建议和反馈。

（三）高度的透明度和公正性

为了维护认证的透明度与公正性，机构必须采取多种策略。例如，考试与评审过程必须清晰且公开，让申请者明确知道他们所面临的所有要求和标准。又如，所有的标准和流程都必须经过全面审查，以确保它们既严格又公正，不偏袒任何一方。

使用数字技术，如在线数据库，可以进一步提高认证的透明度，使考生在任何时间都能查看和核对自己的考试成绩和状态。而关于考试内容，可以考虑发布样题，但是不应该公开整个题库，以确保考试的公正性。

公正性还体现在对每位考生的平等对待上。无论他们的背景、资历或其他因素如何，都应该用相同的评估标准对他们进行评估。这要求机构对考官进行专业培训，确保他们的评分既准确又公正。同时，为了避免任何偏见或歧视，可以设置一个独立的复核流程，确保每位考生的考卷都经过多人评估。

为进一步增强公众对机构的信任，可以邀请外部专家和公众代表参与到流程中，如题库的审核或申诉机制的设定。此外，机构还可以定期发布报告，公开统计数据，如考试通过率、考生反馈等，让社会各界了解机构的工作情况。要建立一个公开、透明的申诉机制是维护公正性的另一个关键。考生在发现任何与考试或评分相关的问题时，都应该为他们提供一个明确的渠道以便于提出自己的疑虑，并且还要予以及时的回应。

（四）严格的证书管理

在当前高度信息化的社会，证书作为一个证明个人技能、知识和能力的重要文件，其真实性和有效性受到广大公众的关注。为了保障证书的真实性、避免伪造和滥用，严格的证书管理显得尤为重要。

应在制作证书时就考虑到防伪。采用高质量的专用纸张、独特的印刷技术，如特殊的防水印或隐形印刷，可以使证书在外观上就具有独特性，难以复制。电子技术的引入也能为证书管理提供新的解决方案。例如，为每一份证书分配一个唯一的数字 ID，并附带一个二维码。这使得人们可以通过扫描二维码，迅速查询到证书的详细信息，验证其真实性。此外，数字 ID 的存在也使得证书在互联网上的传播更为方便，可以迅速与学历、工作经验等其他信息进行匹配验证。区块链技术，作为近年来备受关注的技术，也为证书管理带来了新的机会。区块链的去中心化、不可篡改的特点使得证书信息的存储更为安全，难以被修改或删除。这样，不论证书何时何地被查验，其真实性都能得到确保。另外，证书的发放和管理也不能忽视。应当确保在整个发放过程中，每一步骤都有明确的操作规范和审核机制。这既可以防止滥发证书的情况出现，也能确保每一位持证人都是真正的技能专家、知识专家。当然，证书的管理也离不开与外部机构的合作。无论是政府、学术机构还是行业协会，他们都可以为证书的制定和管理提供宝贵的建议和支持。同时，与这些机构的合作也能进一步增强证书的权威性和公信力。

（五）持续的更新与完善

随着科技的进步、社会的发展以及人类对身体健康认知的深化，体育知识和技能的更新速度越来越快。这就要求相关的认证内容与形式能够紧跟时代的步伐，根据当前的实际情况进行适时调整和完善。为确保认证内容始终与行业的最新发展保持同步，定期的市场调查和分析是必不可少的。这样不仅有利于掌握行业的最新技术和方法，还可以了解现代体育从业者和爱好者的实际需求。通过对各种信息的综合分析，可以更准确地确定应该更新或完善的认证内容。而为了获得更为真实和准确的数据，认证机构可以考虑与多家体育研究机构或大学合作，因为这些机构和大学通常具备丰富的研究资源和经验，可以为认证内容的更新提供有力的支持。另外，还应该建立一个反馈机制，鼓励已经获得认证的人员提供他们在实际工作中的经验和建议。这些第一手的信息可以帮助认证机构了解认证内容在实际应用中的效果，然后以此为依据进一步完善认证的内容和形式。

三、建立持续教育和培训制度

在体育领域，科技与体育的紧密结合使得这一领域的知识和技能更新迅速，建立一套完善的持续教育和培训制度显得尤为重要，这能够帮助体育健身领域的服务人员快速提高其自身的专业水平。

（一）开展定期研讨会

研讨会如今已经成了一个重要的机遇，使从业者得以紧跟行业的脚步。但是如何组织一个高效、有深度的研讨会，并使其成为行业的一个重要事件则十分关键。定期研讨会的目标是确保与会者都能从中受益，增长自己的知识和技能。因此明确每次研讨会的主题和目标是关键。这不仅能够确保与会者对于研讨会有明确的期待，同时也能帮助组织者邀请到最合适的主讲人。为了吸引更多的从业者，可以邀请在某一专题或领域有所成就的行业专家来分享他们的见解和经验。而且，有针对性的邀请也能确保研讨会的内容深度和专业性。选择地点时要确保它方便所有与会者到达，并有足够的设施保证会议的顺利开展。对于那些无法亲自参加会议的人，可以考虑通过网络直播或后期上传视频的方式，使他们也能受益。研讨会的互动性是另一个需要重视的方面。与会者不应该只是被动地听取，而应有机会提出问题、参与讨论或与主讲人进行一对一的交流。在研讨会结束后，分享会议的主要内容和重点是另一种增加其价值的方式。这不仅仅是对于那些无法参加的人，也是对于与会者的一种后续支持，帮助他们更好地理解和应用所学的知识。

（二）开展体育服务培训课程

体育服务行业正经历着前所未有的转型与升级。伴随着科技进步、社会变迁和人们生活方式的转变，体育服务提供者面临的挑战和机遇都在增加。在这种环境下，定期组织系统的培训成为确保从业者继续提供高水平服务的关键。

体育服务培训的首要目标是确保与会者掌握最新的技能和知识。这需要课程设计者对行业的发展趋势、最新的技术和方法都要有深入的了解。同时，考虑到从业者的多样性，培训课程也应该具有一定的灵活性和广泛性。

对于初入行业的新手，培训课程应当以帮助他们尽快了解行业和融入团队为主。首先，介绍体育服务行业的历史、发展趋势、最新技术和方法等基础知识，使其对行业有一个总体的认识。接着，通过实际操作和模拟，使他们掌握日常工作所需的基本技能。对于这一阶段的新手，培训中还应该注重团队合作、沟通技巧等软技能的培训，帮助他们更好地融入团队和应对日常工作中可能遇到的挑战。

而对于已经在行业中有一定经验的从业者，培训的重点应当转向新技术、新方法和新理念。此时，他们已经具备了一定的基础，需要的是进一步提升和完善。例如，随着科技的进步，虚拟现实、人工智能等技术正在被引入体育训练中，对于这些新技术的了解和应用将会是资深从业者在未来市场中保持竞争力的关键。此外，新的训练方法、理念、管理模式等，也应该成为培训的内容。

为了确保培训的效果，课程设计者应当考虑如何使培训更加生动、实用和互动。除了传统的讲座、讨论、模拟等方式，也可以考虑引入游戏化学习、在线培训、翻转课堂等新型教学方法。

在培训结束后，还需要对培训效果进行评估。通过问卷、面试、模拟考试等方式，了解与会者对于培训内容的掌握程度，以及他们在实际工作中是否能够应用所学的知识和技能。这不仅可以为以后的培训提供宝贵的反馈，还可以帮助雇主了解员工的实际能力和需要。体育服务培训是一个持续的过程，需要与时俱进、因人而异。只有这样，才能确保从业者始终保持在行业的前沿，从而为公众提供最优质的服务。

（三）进行体育实地考察

为了确保行业的快速和健康发展，需要广泛地、深入地了解国际上和国内的成功实践和经验。因此，实地考察成为一个有效的方法，不仅能让服务人员直观地看到各种管理模式、技术和方法的实际应用，还能增强他们的团队协作和沟通能力。

考察国外的知名体育机构是一个快速学习和吸收国外先进经验的渠道。国外的体育机构在技术、管理、市场运作等方面可能有其独特的优势和经验，与他们的交流和互动，能够使我国的体育服务人员迅速了解并掌握这些先进的经验和知识，为国内的体育服务工作带来新的思路和方法。国内也有许多优秀的体育机构和项目，他们在本国的特定环境和条件下，也取得了卓越的成就。通过考察这些机构，可以系统地了解和学习他们的成功经验，找出适合我国实际情况的最佳实践方法。实地考察也是一个很好的团队建设活动。在考察的过程中，服务人员需要共同面对各种情境和挑战，这会促使他们加强合作和沟通，提高团队的凝聚力和执行力。为了确保实地考察的效果，应该有明确的目标和计划。考察的目的、内容、时间、地点、人员和预期效果都应该提前明确。在考察结束后，还需要进行总结和反思，整理和分享所学的知识和经验，确保这次考察为体育公共服务的发展带来实际的价值。

四、进行认证制度的推广

认证制度的推广对于确保公共体育服务人员的专业水准和提高公众对此的认可度至关重要。为了让认证制度真正深入人心、被广泛接受并得到积极响应，有关部门有必要对此进行推广。

要利用新闻媒体进行推广。通过主流的电视、广播、报纸等传统媒体，进行定期的专题报道、专访和宣传活动，可以迅速地向大众普及认证制度的意义、流程和好处。尤其是对于一些成功的认证案例和获得认证后在职业生涯中取得的显著成果进行广泛的报道和宣传，会让公众更加了解并认可这一制度。

要利用社交媒体进行推广。如今诸多社交账号是现代人们获取信息、交流和互动的重要方式。通过开设官方账号、发布相关资讯、互动答疑等方式，可以吸引更多的年轻从业者和公众关注。同时，也可以组织一些线上的活动，如网络直播、在线讲座等，吸引公众的参与和关注。

行业协会和其他相关组织在推广认证制度中也起到了不可或缺的作用。作为行业的代表和权威，行业协会可以在各种行业活动和会议中，对认证制度进行宣传和解释，以增加从业者的认可度。同时，与其他培训和教育机构合作，提供认证考试的培训和辅导，也是一个有效的推广手段。为了鼓励更多的公共体育服务人员参与考试，可以考虑提供一些切实的优惠和奖励。例如，为首次参加考试的人员提供一定的费用减免；对于在考试中取得优异成绩的人员给予一定的物质或荣誉奖励；还可以与其他机构合作，为获得认证的人员提供进一步的培训和发展机会。

进行认证制度的推广是一个系统性、多方面的工作。需要各方的共同努力和合作，才能确保这一制度得到广泛的认可和实施。只有这样，才能确保公共体育服务始终走在专业和先进的道路上，为公众提供最优质的服务。

第三节　鼓励工作人员多参与实践活动

一、创建多样化的实践平台

创建多样化的实践平台对于体育服务人员的专业成长具有至关重要的作用。这种多样化的实践方式能够让他们更好地适应不同的环境，更加自如地应对各种挑战，同时也能更好地满足公众的多样化需求。在不同的实践平台上，体育服务人员需要面对不同的挑战。但无论是哪种挑战，都能够为他们提供宝贵的经验，帮助他们更好地成长。这种多样化的实践方式不仅能够为体育服务人员提供更多学习和交流的机会，还能更好地满足公众的需求，确保每一个人都能够在体育活动中获得愉悦的体验。

（一）开展训练营实践

开展训练营实践对于体育服务人员的专业发展具有重大意义。它作为一个综合性的平台，可以说是体育服务领域内的"微型社会"，在这里，服务人员不仅有机会深入研究和实践，还能与同行建立紧密的联系。训练营中所涉及的内容覆盖了体育服务的各个方面。从基础的理论知识到实际的技能操作,从人际交往的技巧到团队协作的经验,都是训练营中的重要组成部分。这意味着,参与训练营的体育服务人员能够全面地、系统地提升自己的能力和素养。训练营中的互动环节是其魅力所在。体育服务人员可以在这里与来自各个地方、拥有不同背景和经验的同行进行交流,这种交流不仅限于专业知识,还包括工作中的实际经验、面对困难时的应对策略等。这些"第一手"的信息和经验对于体育服务人员来说具有不可估量的价值。训练营还为体育服务人员提供了一个展示自我的平台。在这里,他们可以通过各种形式,如小组讨论、模拟实操、公开课等,展示自己的才华和技能。这不仅能够帮助他们赢得认可和尊重,还能够为他们带来更多的合作和发展机会。当然,训练营的成功开展离不开周密的组织和管理。这需要确保训练营的内容既有深度又有广度,能够满足不同体育服务人员的需求,并且确保训练营的环境和氛围既有序又轻松,能够让参与者全身心地投入其中。

开展训练营实践对于体育服务人员的专业成长具有不可忽视的作用。只有不断的学习和实践,体育服务人员才能更好地适应不断变化的环境和提供更专业、更高质量的服务。

(二)举办多样化的体育赛事

体育赛事,无疑是体育服务人员实践技能、提升综合素质的绝佳机会。它如同一个大熔炉,能在短时间内锻炼出高质量的体育服务精英。每一个成功的体育赛事的背后,都有一群默默付出的体育服务人员,他们是赛事的保障,也是赛事的灵魂。

首先,体育赛事中的高压环境对体育服务人员来说是一个挑战,也是一个机会。他们要具备超强的应变能力,能够迅速做出判断,解决赛事中可能出现的各种问题。这种环境对于培养体育服务人员的判断能力和决策能力具有至关重要的作用,会使他们在短时间内经历了其他环境难以获得的锻炼,加速他们的成长。

其次，在体育赛事中，体育服务人员不仅要为运动员提供服务，还要为观众、赞助商、媒体等多方提供服务。这就要求他们具备全面的服务技能和知识，能够迅速识别各方的需求，提供满意的服务。这种多方位的服务经验，使体育服务人员更加专业且具有更加宽广的视野。

　　此外，体育赛事是多个部门、多个团队协同合作的结果。在这样的环境中，体育服务人员需要具备良好的团队合作精神，能够与其他部门和团队顺利沟通，确保赛事的顺利进行。这种合作经验不仅能够增强他们的团队意识，还能锻炼他们的沟通、协调能力。

　　同时，体育赛事中可能会出现各种突发情况，如恶劣天气、设备故障、安全事故等。这就要求体育服务人员具备果断处理突发状况的能力。他们需要随时准备应对这些突发情况，确保赛事的顺利进行。

　　最后，每一个成功的体育赛事都会为体育服务人员留下深刻的记忆。对于体育服务人员来说，这是他们付出努力的见证，也是他们收获成果的时刻。他们在这样的环境中，不仅获得了宝贵的实践经验，还赢得了尊重和认可。

　　总之，多样化的体育赛事为体育服务人员提供了一个无可比拟的实践平台。在这里，他们可以得到全面的锻炼。每一次赛事，都是他们技能和经验的积累，也是他们职业生涯的亮点。

二、提供实践指导与支持

　　提供实践指导与支持可以使体育服务人员在实践活动中获得丰富的经验，以确保活动顺利进行。

　　在实践活动中，体育服务人员，尤其是刚入职的服务人员可能会遇到各种意料之外的情况。这就需要一个完备的指导和支持系统，帮助他们迅速适应环境，以处理各种复杂的问题。例如，前期培训可以为他们提供一套行之有效的解决方案和方法，使他们能够迅速地应对各种情况，而不是被突发事件所困扰。前期培训的内容应该涵盖各种可能遇到的情境。这包括基础的行业知识、实践中常见的问题及其解决策略、实践活动中可能出现的风险等。这样的培训不仅有助于体育服务人员储备足够的专业知识和提高实操能力，还能让他们在实践中更加自信、从容。现场指导则更为关键。虽然前期培训为体育服务人员提供了理论知识，但真正的实践环境远比课堂更复杂。这时，有经验的指导者就显得尤为重要。他们能够根据实际情况，为初次参与的体育服务人员提供实时的反馈和建议，帮助他们更好地完成任务，同时避免出现失误。支持系统还应该包括一套完善的反馈机制。体育服务人员在实践中可能会遇到各种问题，这时，他们需要一个可以随时寻求帮助的渠道。通过反馈，他们可以得到及时的解答，以确保实践活动的顺利进行。

实践中的失误有时可能会带来非常严重的后果，如威胁参与人员的人身安全。因此，除了提供专业的指导和支持外，还应为体育服务人员提供一系列的安全培训。这样一来，他们不仅能够确保自身的安全，还能确保活动中的其他参与者的安全。

为体育服务人员提供实践指导与支持是确保实践活动顺利进行的关键。因此，需要建立一个完善的支持体系，这个体系应涵盖前期培训、现场指导、反馈机制等各个环节，确保每一个体育服务人员都能在实践中得到有效的锻炼。这样的支持，不仅能够提高体育服务人员的专业水平，还能确保实践活动的质量和安全。

三、定期举办体育实践大赛

体育实践大赛的意义在于它连接了学术与实践，为体育服务人员提供了一个实际运用所学理论知识的场所。这类竞赛不仅着重于评估参与者的技能和知识，而且强调他们如何将这些技能和知识应用于真实世界的情境中。

教练技能大赛是体育实践大赛中的重要组成部分。这个赛事聚焦于教练的核心职责和技能，如运动员的训练、团队策略的制定、运动员心理状态的管理等。在这种比赛中，参赛的教练通常会面临多种模拟的挑战情境，需要他们运用专业知识迅速作出决策，并与他们的运动员或团队进行有效沟通。与此同时，体育服务方案设计大赛是另一种完全不同的实践形式。这个竞赛要求参赛者构思和设计全新的体育服务项目或策略，可能涉及如何提高观众的比赛体验、如何增加运动员的训练效果或如何更有效地进行赛事组织等。这种竞赛考验的是参赛者的创新能力和综合性思考，同时也鼓励他们探索体育服务领域的新趋势和潜在机会。

评审团队应该包括行业内的权威人士和专家，他们具有丰富的经验和深入的洞察力，以保证大赛的公平性和专业性。评审过程需要结合实际操作表现和理论知识，确保所评选出的胜者真正具备出色的体育服务能力。

体育实践大赛也为参与者带来了巨大的机会。优胜者不仅可以获得奖励，还能得到行业内的认可，为他们的职业生涯开启新的机会。而对于所有参与者来说，这也是一个与同行交流、分享经验和学习新技能的宝贵机会。大赛的组织者可以进一步拓展其影响力，比如与媒体合作进行宣传，引起公众的关注，还可以与企业或品牌进行合作，提供赞助，这样可以为比赛提供更多资源，同时也使之更具吸引力。

定期举办体育实践大赛是鼓励体育服务人员持续学习和进步的有效策略。通过这样的赛事，体育服务人员不仅可以证明自己的能力，还能获得与同行交流的机会，学到更多的知识和技能，为自己的职业发展打下坚实的基础。

第四节 建立一套完整的评价和反馈机制

一、目标明确的评价标准

在构建体育服务评价系统时，核心的目标应是透明性、实用性和公正性。这套标准是体育服务领域的航标，确保每一个参与者，不论他是服务者还是被服务者，都能在明确的方向下行动。

在技术能力方面，它不仅是指某一特定的技能，例如足球踢球技巧或篮球投篮能力，还涉及如何根据运动员的个体差异进行调整、如何为不同级别的运动员定制训练方案等内容。这就要求服务人员不仅要有深厚的技术功底，还要具备足够的经验和敏感度。

沟通技巧在体育服务中同样至关重要。一个好的教练或裁判不仅要懂得如何指导和裁定，更要懂得如何与运动员、队伍或观众进行有效沟通，以确保每一条信息都能准确无误地传达。这包括了解运动员的心理状态、调整自己的语言和态度，确保每一次沟通都能达到预期效果。

专业知识尤其是关于运动员健康、身体机能和心理状况的知识，为体育服务人员提供了在服务过程中所需要的理论支持。通过深入了解这些知识，服务人员可以更好地为运动员制定训练方案，确保他们的身体和心理都处于最佳状态。

安全意识是所有体育服务评价中的基石。不管在任何时候，确保运动员、观众和所有参与者的安全都是首要任务。这不仅包括了对于安全规则的遵守，更涉及在突发情况下的应对能力，确保每一次事件都能得到及时、有效的处理。

这套评价标准为体育服务领域提供了一个明确的、具有导向性的框架，确保每一次服务都是在最高标准下进行。对于服务人员来说，这也是他们不断进步和提升自我的动力来源，以确保他们始终处于这个领域的最前沿。

二、多渠道的反馈收集

如今，人们对于信息的获取和传播速度之快令人瞠目。这为体育服务提供者带来了前所未有的机会和挑战。要真正提供出色的体育服务，不仅需要专业知识和技能，还需要对客户或运动员的反馈有深入的了解和及时的响应。

线上问卷已经成为最常见的反馈收集方式。这种方式的优点是方便快捷，可以在短时间内收集大量的数据。通过精心设计的问卷，可以了解到用户对于某一特定服务的满意度、对于服务人员的评价、对于设施和设备的评价等。而随着大数据技术的发展，可以对这些数据进行深入的分析，找出服务中的优点和不足，从而为未来的服务改进提供依据。

面对面访谈则为体育服务人员提供了一个更加深入且直接的反馈获取方式。通过与用户直接交谈，可以了解到他们的具体需求、感受和建议。这种方式的优点是有利于获取具有一定深度和宽度的信息，可以了解到用户的真实感受，发现那些在问卷中可能被忽略的问题。

社交媒体互动是近年来快速崛起的反馈收集方式。随着社交媒体平台的普及，用户越来越习惯于在这些平台上分享自己的体验和感受。对于体育服务人员来说，这是一个宝贵的资源。通过关注用户在社交媒体上的分享，可以及时了解到服务中出现的问题，也可以了解到用户的新需求和期望。同时，社交媒体还为体育服务人员提供了一个与用户互动、及时回应的平台，增强了与用户的连接。

除了以上三种方式，还有许多其他的反馈收集方式，例如电话访谈、用户论坛、工作坊等。每种方式都有其独特的优点，应根据具体的服务内容和目标用户选择合适的方式。

多渠道的反馈收集对于体育服务的提供至关重要。只有真正了解到用户的需求和感受，才能提供出色的服务，从而满足用户的期望。而在这个过程中，体育服务人员需要具备开放的心态，勇于面对自己的不足，不断完善自我和提高创新能力。

三、定期的服务评估

在快速发展和变化的时代里，体育服务的需求和标准也在不断地进化。为了确保服务始终处于行业的前沿并满足消费者的期待，定期的服务评估变得尤为关键。只有通过系统性的评估，才能检验体育服务的各个环节是否达到了预期的标准，以确保体育服务始终保持最优质的状态。

全面的年度评估是对过去一年工作的回顾和总结。这不仅包括客户或运动员的反馈，还包括服务人员的自我评估、对手的竞争分析以及新技术或方法的考察。这样的全方位审视能确保机构对自己的工作有一个客观且全面的了解，同时也能够为未来的工作设定明确的方向。

考察各个服务环节的效果是评估的关键内容。无论是前台的接待、场地的维护，还是教练的指导，每一个环节都会直接影响客户的体验。通过详细的数据分析和观察，可以找出每个环节的优点和不足，从而为未来的改进提供具体的方向。这样细致入微的分析能够促使机构始终保持最高的服务标准，并不断完善和创新。

与之前的数据进行对比也是评估中不可或缺的环节。通过年度对比，可以明确地看到机构服务的哪些环节已经达到预期，哪些环节还需要进一步努力。这样的数据对比不仅为机构提供了明确的工作方向，还为投资者和合作伙伴提供了一个客观的评价标准。

分析服务质量的变化趋势则是为未来设定方向的关键。通过对过去数据的分析，可以预测未来的需求和挑战。这样的预测为机构提供了一个明确的发展方向，并且有助于机构在未来的竞争中始终处于有利位置。

调整或完善服务流程是评估的最终目标。无论发现了哪些问题，都需要及时进行调整或改进，确保始终提供最优质的服务。这样的及时反应和调整是机构成功的关键，也是与客户建立长期信任关系的基石。

定期的服务评估不仅是对过去工作的回顾，更是对未来工作的规划。只有不断地审视、改进和创新，才能确保机构始终处于行业的前沿，且充分满足消费者的期待。

四、构建互动的反馈平台

在数字化的时代，互联网已经成为连接各个领域、获取各种需求反馈的桥梁。为体育服务建立一个线上反馈平台，无疑为传统的体育服务注入了新的生命力。这样的平台不仅为人们提供了一个实时的、方便的反馈通道，使客户或运动员能够轻松地表达他们的感受和需求，也加深了服务人员与客户之间的互动和理解。

一个有效的线上反馈平台首先需要具有用户友好的界面。一个简洁、直观、易于导航的设计会吸引更多的用户参与，从而收集到更多真实、有价值的反馈。平台应当提供文字、图片、视频等多样化的反馈形式，确保每一个用户可以选择最适合自己的方式来表达意见。而对于体育服务人员来说，这个平台不仅是收集反馈的地方，更是他们与客户建立连接的桥梁。他们可以实时查看到每一个反馈，及时回应问题或疑虑，甚至可以与提出反馈的客户直接交流，加深彼此的理解。这种互动不仅能够为体育服务人员提供宝贵的第一手资料，帮助他们更好地提升服务质量，也能够加强体育服务人员与客户之间的联系，建立双方对彼此的信任感。

线上平台还可以为体育服务机构提供大量的数据和分析工具。通过对这些数据进行深入挖掘和分析，机构可以更准确地了解用户的需求和期望，从而为未来的服务策略提供有力的支持。另外，这些数据也可以为机构提供市场趋势的预测，帮助他们在竞争中获得先机。而随着技术的进步，人工智能和大数据技术也可以被引入这个平台中。例如，可以通过算法自动分析反馈，为体育服务人员提供更为具体和针对性的建议。或者通过大数据技术预测未来的市场趋势，为机构提供策略建议。

一个线上反馈平台不仅是一个简单的反馈收集工具，更是一个加强体育服务人员和客户之间的互动性和信任感、提供数据支持的综合平台。在数字化的时代，构建这样的平台已经成为提升体育服务质量、满足客户需求的关键。

五、反馈的快速响应

在日益激烈的体育服务市场中，速度往往决定胜负。反馈的快速响应不仅可以体现一个组织的专业性和效率，还会直接影响客户的满意度以及对服务机构的信任度。面对来自客户或运动员的反馈，无论反馈是正面的还是负面的，迅速而适切的响应都是至关重要的。首先，快速的响应体现了对客户的尊重。当客户提出意见或反馈时，他们实际上是在为提高服务作出贡献。一个迅速的回应会使他们感觉自己受到了重视，从而加深他们与体育服务人员之间的联系。相反，一个迟缓的回应或没有回应可能会让他们感到失望或被忽视，从而影响他们对服务的整体评价。其次，反馈的快速处理能够及时解决潜在的问题。无论是对服务流程的建议、对体育服务人员的评价，还是对设备和场地的意见，这些反馈都包含了有价值的信息。及时分析这些建议，并根据需要采取行动，可以避免问题的进一步发展或扩大。例如，假设某个客户在反馈中提到了体育设备的小问题。如果能够在短时间内对此进行确认并修复，那么可能仅仅是一个小修小补的问题。但如果忽视这个反馈，随着时间的推移，这个小问题可能会变成大问题，不仅影响更多客户的体验，还可能带来更大的维修成本。最后，快速对反馈进行响应也为体育服务人员提供了宝贵的学习机会。通过对反馈的分析，体育服务人员可以了解到自己在服务中的不足之处，从而进行自我完善和提高。这样不仅有利于提升服务质量，还能促进体育服务人员的个人成长。

第九章 健身公共服务活动的策划与组织

第一节 健身公共服务活动策划与组织的原则

健身公共服务活动策划与组织的原则如图 9-1 所示。

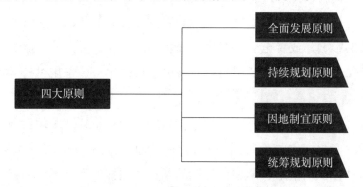

图 9-1 健身公共服务活动策划与组织的原则

一、全面发展原则

健身公共服务活动与社区健康、人们的幸福感、文化交流、环境和经济都有密切的联系。因此，遵循全面发展原则是策划与组织建设公共服务活动的关键。

全面发展原则强调在策划和组织活动时要考虑各个方面的需求和

利益，确保活动不仅对参与者有益，还能为社区带来长期和可持续的利益。这是一个整体思维的过程，旨在促进健康、经济、社会和环境的和谐发展。

从健康的角度看，健身公共服务活动应该为所有人提供参与的机会，不论其年龄、性别、身体条件或社会背景。这样可以确保社区的每个成员都能够获得健康的益处，从而提高公众的整体健康水平。

从经济的角度看，全面发展原则强调的是长期的经济收益，而不是短期的财务回报。这意味着在策划和组织活动时，要考虑活动如何为当地经济带来长期的好处，例如创造就业机会、发展旅游业和提高地方品牌价值等。

在社会层面上，健身公共服务活动应该强调社区的团结和互助，鼓励人们互相认识、建立联系和共同参与。这样可以加强社区的凝聚力，促进文化交流，提高人们的幸福感。

在环境方面，全面发展原则意味着健身公共服务活动应该对环境产生积极的影响，或者至少不产生负面影响。因此，健身公共服务活动要选择环保的材料、鼓励低碳出行、减少垃圾产生，要采用可持续的资源管理方式。

全面发展原则提供了一个框架，帮助我们在策划和组织健身公共服务活动时考虑各个方面的需求和利益，从而提高活动的质量和参与度，确保活动为社区带来长期和可持续的利益。这样的活动不仅对参与者有益，而且对整个社区、经济、文化和环境都有积极的影响。

二、持续规划原则

健身公共服务活动的策划与组织要有前瞻性和持续性。持续规划原则为此提供了一个重要参考，它不仅考虑到目前的需求，还着眼于未来，确保活动可以持续为公众服务。

持续规划原则意味着健身公共服务活动的策划与组织不应仅仅满足

眼下的需求，还应当具有长远的眼光。例如，如果某一健身活动现在非常受欢迎，但预计在未来几年内它的热度会降低，那么策划者就需要考虑如何在活动的内容、方式或技术上进行创新，使其能够持续吸引公众的关注。

持续规划原则还要求我们对健身公共服务活动的资源、设施和技术进行长期的投资和维护。这意味着不仅要考虑当前的资金和资源是否足够支持活动，还要确保未来也有持续的资金来源和资源更新。此外，随着科技的进步，健身设备和技术也在不断更新，策划者需要跟上这些变化，不断引入新技术，以提高活动的质量和效果。

持续规划原则还强调了与公众的持续互动和沟通。公众的需求和偏好是不断变化的，只有通过持续的互动和沟通，才能确保健身公共服务活动始终与公众的需求保持一致。这不仅可以提高公众的参与度，还可以确保活动始终保持新鲜感和吸引力。

持续规划原则也要求我们对健身公共服务活动的效果和影响进行长期的跟踪和评估。只有通过持续的评估，才能确保活动始终达到预期的效果，同时也可以为未来的活动提供宝贵的经验和建议。

持续规划原则为健身公共服务活动的策划与组织提供了一个全面而深入的指导。遵循这一原则，可以确保健身公共服务活动始终与公众的需求保持一致，同时为公众提供持续的健康益处。

三、因地制宜原则

因地制宜，旨在强调根据实际情况和地方特点进行策划和组织的重要性。对于健身公共服务活动而言，这一原则尤为关键，因为每个地区都有其独特的地理、文化、社会和经济特点，这些都会影响到公众对健身活动的需求和反应。

从地理特点来看，每个地区都有其独特的自然环境和气候条件，这会影响到健身活动的类型和方式。例如，沿海地区可能更适合开展水上活动，而山区则适合徒步和攀岩活动。炎热的气候下可能适合在室内有冷气的健身中心开展活动，而寒冷地区则可以考虑冰雪运动。因此，策划者需要根据地区的实际地理条件选择合适的健身活动。文化特点也会影响到公众对健身活动的接受度。不同的地区可能有不同的健身传统和习惯，策划者需要充分了解这些传统，并在此基础上进行策划。例如，东方文化中可能更重视柔和、内敛的健身方式，如太极、瑜伽等，而西方文化则可能更偏向于有氧运动和力量训练。因此，策划者需要考虑地方文化的特点，选择合适的健身方式。另外，社会和经济特点也是不容忽视的因素。不同的地区可能有不同的社会结构和经济水平，这会影响到公众对健身活动的需求和支付能力。例如，经济较发达的地区可能更偏向于高端的健身中心和设备，而经济较落后的地区则可能更需要公共的、免费的或低成本的健身设施。此外，不同的社会群体，如老年人、儿童、女性等有着不同的健身需求，策划者需要根据这些需求进行有针对性的策划。

因地制宜原则为健身公共服务活动的策划与组织提供了一个重要的指导。遵循这一原则，可以使健身活动更加贴近公众的实际需求，从而提高公众的参与度和满意度。此外，因地制宜还可以帮助策划者更加高效地利用资源，避免浪费，确保活动的成功和可持续性。

四、统筹规划原则

健身公共服务活动的成功不仅仅取决于一两个环节的执行，而是涉及多个方面的综合考虑和协调。统筹规划原则强调了这种综合考虑和协调的重要性，确保活动的各个环节都得到充分的关注，从而达到预期的效果。

统筹规划原则首先要求策划者具有全局观念。健身公共服务活动不仅仅是一项体育运动，它涉及公众的健康、幸福感、社交互动、文化交流、经济效益等多个方面。策划者需要对这些方面都有深入的了解，使活动在满足公众的健身需求的同时，也能够带来其他的积极效果。统筹规划原则还要求策划者进行细致的预算和资源分配。健身公共服务活动需要投入大量的资源，包括场地、设备、人员、资金等。策划者需要根据活动的目标和规模对这些资源进行合理的分配和利用，确保活动的顺利进行，同时也能有效避免资源的浪费。人员的培训和管理也是统筹规划原则的重要内容。健身公共服务活动需要大量的工作人员，包括教练、服务员、管理员等。策划者需要筛查这些人员是否都进行过充分的培训、掌握必要的技能和知识，同时要对他们进行有效的管理，确保他们能够为公众提供高质量的服务。活动的宣传和推广也是统筹规划原则的关键环节。策划者需要设计合适的宣传策略，利用各种媒体和渠道，将活动的信息传达给公众，确保活动得到广泛的关注和参与。此外，策划者还需要根据活动的进展，对宣传策略进行调整和优化，确保宣传效果的最大化。另外，统筹规划原则还强调了在筹备健身公共服务活动时应与其他组织和机构进行合作。健身公共服务活动并不是孤立存在的，它与政府、企业、社区、学校等多个组织和机构都有密切的联系，策划者需要与这些组织和机构建立良好的合作关系，共同推进活动的策划和组织。

统筹规划原则为健身公共服务活动的策划与组织提供了一个全面且细致的指导。遵循这一原则，可以确保活动的各个环节都得到充分的关注和协调，从而提高活动的效果和满意度。

第二节　健身公共服务活动策划与组织的路径

一、收集与分析本地居民的健身习惯、需求和偏好

深入了解本地居民的健身习惯、需求和偏好，是健身公共服务活动

策划与组织的基石。只有活动内容与居民的实际需求相符，才能提高居民的满意度，从而取得活动的成功。

　　每个国家、城市甚至是社区的居民都有其独特的健身习惯和文化。例如，某些地区的居民可能更喜欢户外运动，如跑步和徒步，而另一些地区的人们可能更偏爱集体健身活动，如舞蹈和瑜伽。这些独特的习惯和文化会对健身公共服务活动的策划产生深远的影响。在收集信息时，可以使用多种方法。问卷调查是最常用的手段之一，通过这种方式可以广泛地收集大量数据。通过设计有针对性的问题，我们可以获取居民的健身频率、他们更喜欢的健身形式、他们对于公共健身服务的期待等信息。与问卷调查相辅相成的是深度访谈。与个别居民或健身爱好者进行深入交谈，可以帮助我们深入了解他们的具体需求和想法。考察和参观已经存在的健身设施和活动也是一种非常有效的方法。例如，可以参观当地的健身房、体育馆、公园等地，观察居民的健身行为，了解他们的实际需求。同时，还可以与这些设施的管理者和相关的工作人员交流，可以获得宝贵的第一手信息。接下来要对收集而来的信息和数据进行分析。收集到的数据需要进行整理和分析，以提取有价值的信息。可以使用统计方法来分析问卷调查的数据，找出居民的主要需求和偏好。对于深度访谈的内容，则可以使用定性分析方法，来提取关键信息。根据分析结果，我们可以得出一系列的结论和建议。例如，如果大部分居民表示他们更喜欢户外运动，那么在策划健身公共服务活动时，可以考虑增加户外健身项目。或者，如果很多人表示他们缺乏健身知识和技巧，那么可以考虑组织健身讲座和培训班。

二、预先筛选并确定合适的备选健身服务场地

　　合适的健身服务场地是策划和组织健身公共服务活动的关键因素之一。一个合适的场地不仅要满足活动的基本功能需求，还要为参与者提供舒适的健身环境，从而增强他们的参与度和体验感。

在选择健身服务场地时，应先了解活动的核心需求，如预期的人数、所需的设备，以及特定的健身项目。对于大型的群体性健身活动，可能需要一个宽敞的开放空间，如一个公园或体育场；而对于小型、专项的健身活动，如瑜伽或普拉提，可能需要一个较小但设备齐全的室内空间。同时，场地的地理位置也十分关键。理想的场地应位于城市的核心地带或交通便利的地方，这样可以吸引更多的人参与。而且，便利的交通条件也会为参与者节省很多时间，增加他们的参与意愿。除了基本功能和位置，场地的氛围和环境也很重要。一个充满活力、绿色植物环绕的场地，或是拥有优美风景的场地，都会为参与者带来更好的健身体验。同时，确保场地的清洁和安全也是非常必要的，因为这关系到每个参与者的健康和安全。

在场地筛选的过程中，与场地的所有者或管理者进行深入沟通是非常必要的。了解场地的租金、使用时间，以及其他可能的限制条件，这些都会影响到活动的策划和执行。并且，在签订租赁合同之前，务必确保所有的细节都得到充分的沟通和确认。

场地的选择是健身公共服务活动成功的基石。只有选择了合适的场地，活动才能够顺利进行，同时也能为每位参与者带来更加愉悦的健身体验。

三、联合当地有关部门和企业共同举办健身公共服务活动

在当今社会，跨部门和跨行业的合作变得越来越重要。策划和组织健身公共服务活动时，工作人员与当地的相关部门和企业合作不仅可以带来更多的资源，还可以扩大活动的影响力和参与度。与当地的有关部门合作意味着可以得到官方的支持与认可。这样的支持不仅为活动提供了合法性，还可能带来资金、场地、宣传等方面的帮助。例如，健康或体育部门可能对此类活动特别感兴趣，因为它们与其部门的目标密切相关。与此同时，合作还可能带来其他政府部门的支持，如交通、安全和

环境部门，这些部门可以为活动的顺利进行提供必要的帮助。与当地企业合作为活动提供了另一种资源和支持形式。当地企业，特别是那些与健康和健身相关的企业，可能对此类活动非常感兴趣，因为它们可以借此机会宣传其品牌和产品。企业还可能提供资金、设备、技术和人员等方面的支持。例如，一家健身器械制造商可能愿意为活动提供必要的器械，而一家健康食品公司可能愿意提供健康饮食的样品和宣传材料。但是，与当地部门和企业合作也需要一些策略和技巧。例如，要明确活动的目标和愿景，并确保这些目标与合作伙伴的目标相一致。又如，与合作伙伴保持开放和真诚的沟通非常重要，这样可以使双方的利益都得到保障。合作伙伴可能对活动的组织和执行有自己的建议和想法，因此需要保持灵活、开放的态度，共同制定最佳的活动方案。

第十章 现代信息技术推动高质量健身公共服务体系构建与应用

第一节 云计算和大数据的应用

一、云计算和大数据概述

云计算和大数据是现代信息技术领域的两大关键词。云计算提供了一种将计算资源按需提供的新方法，允许企业和个人在云端访问、存储和处理数据，而无需管理庞大的硬件基础设施。这种转变为各个行业带来了灵活性、可扩展性和经济性。此外，在当今社会，从社交媒体到物联网设备，每一秒都在产生大量的数据。大数据技术使我们获得了处理、分析和从未前所未有的大量数据中提取价值的能力。

（一）云计算概述

云计算（cloud computing）是分布式计算的一种，指的是通过网络"云"将巨大的数据计算处理程序分解成无数个小程序，然后通过多台服务器组成的系统处理和分析这些小程序，得到结果返回给用户的过程。

1. 云计算简介

简单来说，云计算早期就是分布式计算，其作用是解决任务分发，并进行计算结果的合并。因而，云计算又称为网格计算。通过这项技术，可以在很短的时间内（几秒钟）对数以万计的数据进行处理，从而达到强大的网络服务。

现阶段所说的云服务已经不单单是一种分布式计算，而是分布式计算、效用计算、负载均衡、并行计算、网络存储、热备份冗杂和虚拟化等计算机技术混合演进并跃升的结果。

如今的云计算指的是通过计算机网络（多指因特网）形成的计算能力极强的系统，可存储、集合相关资源并可按需配置，向用户提供个性化服务。

"云"实质上就是一个网络，从狭义上讲，云计算就是一种提供资源的网络，使用者可以随时获取"云"上的资源，按需求量使用，并且这个需求量可以无限扩展，只要按使用量付费就可以，"云"就像自来水厂一样，我们可以随时接水，并且不限量，按照自己家的用水量，付费给自来水厂就可以。

从广义上说，云计算是与信息技术、软件、互联网相关的一种服务，这种计算资源共享池叫作"云"，云计算把许多计算资源集合起来，通过软件实现自动化管理，只需要很少的人参与，就能为客户提供所需的资源。也就是说，计算能力作为一种商品，可以在互联网上流通，就像水、电、煤气一样，可以方便地取用，且价格较为低廉。

总之，云计算不是一种全新的网络技术，而是一种全新的网络应用概念，云计算的核心概念就是以互联网为中心，在网站上提供快速且安全的云计算服务与数据存储，让每一个使用互联网的人都可以使用网络上的庞大计算资源与数据。

云计算是继互联网、计算机后在信息时代又一种新的革新，云计算是信息时代的一个大飞跃，未来的时代可能是云计算的时代，虽然目前有关云计算的定义有很多，但从总体上看，这些定义的基本含义是大同小异的，即云计算具有很强的扩展性和需要性，可以为用户提供一种全新的体验，云计算的核心是可以将很多的计算机资源协调在一起，使用户通过网络就可以获取无限的资源，同时获取资源时不受时间和空间的限制。

2. 云计算的发展历程

现如今，云计算被视为计算机网络领域的一次革命，因为它的出现，社会的工作方式和商业模式也在发生巨大的改变。

追溯云计算的根源，它的产生和发展与之前所提及的并行计算、分布式计算等计算机技术密切相关，都促进了云计算的成长。但追溯云计算的历史，可以追溯到1956年，牛津大学的计算机教授克里斯·托弗发表了一篇有关虚拟化的论文——《大型高速计算机中的时间共享》，文中正式提出了虚拟化的概念。虚拟化是今天云计算基础架构的核心，是云计算发展的基础。而后随着网络技术的发展，云计算开始悄悄萌芽。

在20世纪的90年代，计算机网络出现了大爆炸，出现了以思科为代表的一系列公司，随即网络出现泡沫时代。

在2004年，Web2.0会议举行，Web2.0成为当时的热点，这也标志着互联网泡沫破灭，计算机网络发展进入了一个新的阶段。在这一阶段，互联网发展亟待解决的问题是如何让更多的用户方便快捷地使用网络服务与此同时，一些大型公司也开始致力于开发大型计算能力的技术，为用户提供了更加强大的计算处理服务。

2006年8月9日，谷歌公司首席执行官埃里克·施密特（Eric Schmidt）在搜索引擎大会上首次提出"云计算"的概念。这是云计算发展史上第一次正式地提出这一概念，因此有着巨大的历史意义。

2007 年以来，"云计算"成为计算机领域最令人关注的话题之一，同样也是大型企业、互联网建设着力研究的重要方向。因为云计算的提出，互联网技术和 IT 服务出现了新的模式，在整个行业中引发了一场巨大的变革。

在 2008 年，微软发布其公共云计算平台（Windows Azure Platform），由此拉开了微软的云计算大幕。同样，云计算在国内也掀起一场风波，许多大型网络公司纷纷加入云计算的阵列。

2009 年 1 月，阿里软件在江苏省南京市建立首个"电子商务云计算中心"。同年 11 月，中国移动云计算平台"大云"计划启动。到现阶段，云计算已经发展到较为成熟的阶段。

2019 年 8 月 17 日，北京互联网法院发布《互联网技术司法应用白皮书》。发布会上，北京互联网法院互联网技术司法应用中心揭牌成立。

2020 年，我国云计算市场规模达到 1781 亿元，增速为 33.6%。其中，公有云市场规模达到 990.6 亿元，同比增长 43.7%，私有云市场规模达 791.2 亿元，同比增长 22.6%。

3. 云计算的特点

云计算的可贵之处在于高灵活性、可扩展性、高性价比等，与传统的网络应用模式相比，其具有如下优势与特点（见图 10-1）。

图 10-1　云计算的特点

（1）虚拟化技术。必须强调的是，虚拟化突破了时间和空间的界限，是云计算最为显著的特点，虚拟化技术包括应用虚拟和资源虚拟两种。众所周知，物理平台与应用部署的环境在空间上是没有任何联系的，正是通过虚拟平台对相应终端操作完成数据备份、迁移和扩展等。

（2）动态可扩展。云计算具有高效的运算能力，在原有服务器基础上增加云计算功能可以使计算速度迅速提高，最终实现动态扩展虚拟化的层次达到对应用进行扩展的目的。

（3）按需部署。计算机包含了许多应用、程序软件等，不同的应用对应的数据资源库是不同的，所以用户运行不同的应用需要较强的计算能力对资源进行部署，而云计算平台能够根据用户的需求快速配备计算能力及资源。

（4）灵活性高。目前市场上大多数 IT 资源、软件、硬件都支持虚拟化，比如存储网络、操作系统和开发软件、硬件等。虚拟化要素统一放在云系统资源虚拟池当中进行管理，可见云计算的兼容性非常强，不仅可以兼容低配置机器和不同厂商的硬件产品，还能外设获得更高性能的计算。

（5）可靠性高。即便是服务器故障也不影响计算与应用的正常运行。因为单点服务器出现故障可以通过虚拟化技术将分布在不同物理服务器上的应用进行恢复或利用动态扩展功能部署新的服务器进行计算。

（6）性价比高。将资源放在虚拟资源池中统一管理，这在一定程度上优化了物理资源，用户不再需要昂贵、存储空间大的主机，可以选择相对廉价的 PC 组成云，一方面可以减少费用，另一方面其计算性能并不逊于大型主机。

（7）可扩展性。用户可以利用应用软件的快速部署条件更为简单、快捷地将自身所需的已有业务以及新业务进行扩展。如，计算机云计算系统中出现设备的故障，对于用户来说，无论是在计算机层面上，抑或是在具体运用上均不会受到阻碍，可以利用计算机云计算具有的动态扩展功能来对其他服务器进行有效扩展。这样一来就能确保任务得以有序完成。在对虚拟化资源进行动态扩展的情况下，同时能够高效扩展应用，提高计算机云计算的操作水平。

（二）大数据概述

大数据又称巨量资料，指的是所涉及的资料量规模巨大到无法透过主流软件工具，在合理时间内达到撷取、管理、处理、并整理成为帮助企业经营决策更积极目的的资讯。

1. 大数据简介

大数据是近年来信息技术和商业领域中的一个热门话题，它不仅涉及大量的数据，而且涉及了如何收集、存储、分析和解释这些数据。随着互联网、物联网和移动通信的普及，我们生产和消费的数据量呈指数级增长，这导致了大数据的诞生和其相应技术的发展。

大数据不仅仅是关于数据量的巨大，它还涉及数据的多样性、速度和价值。常常被描述为"四大 V"：

Volume（容量）：与传统数据库相比，大数据通常包括大量的数据。这可能是来自社交媒体、传感器、机器等的数据，它们在短时间内产生了大量的数据。

Velocity（速度）：数据的生成速度或产生的速度是惊人的，需要在短时间内进行处理。例如，社交媒体帖子每秒钟都在更新，传感器每毫秒都在生成数据。

Variety（多样性）：数据的来源有很多，并以多种格式存在，包括文本、图像、声音、视频、结构化记录等。

Value（价值）：尽管数据的容量很大且具有多样性，但真正的挑战是从这些数据中提取有价值的信息。

2. 大数据技术简介

如今，大数据使我们对数据、信息和知识的看法发生了深刻改变，也为各种行业和领域提供了无限的可能性和发展的机会。在未来，随着技术的持续发展和更多数据来源的出现，大数据的重要性和影响力会继续增长。为了处理这些巨大、多样且快速产生的数据，出现了一系列的技术和工具。

大数据技术是近年来迅速发展的领域，它涉及对大量数据的处理、分析、管理和存储，以获得有价值的见解和决策。大数据技术的主要特性如下。

（1）海量性。大数据的"海量性"是指其涉及的数据量超出了传统数据库软件的处理能力，往往达到了 TB、PB 甚至 EB 级别。随着现代社会信息技术的飞速发展，数据的生成、收集和存储成本越来越低，使得各种应用和设备可以生成和保存前所未有的巨量数据。如今，全球数十亿的用户在各种社交媒体上发布文字、图片、视频和音频，这些内容都以数据的形式被存储。而这只是互联网的冰山一角。电子商务、金融交易、工业物联网、智能家居、智能交通系统、医疗健康、科研等领域都在不断产生海量的数据。数据的海量性不仅仅意味着数据的数量庞大，它还带来了一系列的技术和管理挑战。存储这么多的数据需要巨大的存储设备和相应的存储策略。传统的存储方式可能无法满足这种数据规模的需求，因此需要新的存储技术和结构，如分布式文件系统。另外，数据的处理和分析也面临着一些挑战。传统的数据处理技术往往难以处理如此大规模的数据，而大数据技术可以高效地处理和分析这些数据。

（2）多重性。大数据的"多重性"描述了数据的多种类型和来源。在当今信息化的社会，数据不再仅仅是传统意义上的文本或数字，还包括图像、视频、声音、社交网络交互、地理位置、传感器数据等。这些数据具有多种格式、结构和语义，反映了现代社会的复杂性和多样性。传统的数据库主要处理结构化数据，例如表格和关系型数据库中的记录。但在大数据时代，大部分数据实际上是非结构化或半结构化的。例如，社交媒体上的帖子、用户评论、图片和视频，以及从各种传感器中收集的数据，这些数据通常不遵循固定的格式或结构。这种数据的多重性对数据存储、管理、处理和分析提出了新的要求和挑战。

（3）快速性。大数据的"快速性"是指数据生成、传输、处理和分析的速度都在快速增长。在数字化进程不断加速的现代社会，数据是实时或近实时生成的。从社交媒体更新到金融市场的交易，再到物联网设备的实时数据流，数据正在以前所未有的速度被生成和传输。每一次用户点击、每一条社交媒体的动态更新、每一次智能设备的传感器读数，甚至每一次在线交易，都可能在几秒钟或更短的时间内产生大量数据。当数据流如此之快，它所带来的挑战和机会也随之增加。

（4）可变性。大数据的"可变性"指的是数据的动态性和多变性。在一个快速变化的世界里，数据不仅量大、产生速度快，其内部的结构也在持续变化。这种变化可能来源于原始数据本身的变动，或是由于新的数据源和数据类型的不断出现。可变性这一特点意味着组织和个体必须具备高度的灵活性和适应性，以便及时调整策略，应对数据的变动，并从中提取有价值的信息。

（5）复杂性。大数据的"复杂性"指数据结构、来源和关联的复杂程度。随着越来越多的设备、应用和平台产生和分享数据，人们所面临的数据不仅仅数量多、增长速度快，还包括多种类型和格式，而这些数据之间可能还存在复杂的关系。这种复杂性不仅给数据的存储和管理带来挑战，还增加了数据分析和洞察的难度。

（6）低密度性。大数据的"低密度性"描述了在大数据环境中，有价值和有意义的信息往往只占据了整体数据的一小部分，而大部分数据可能是冗余的、重复的或者不相关的。这种特性意味着，虽然数据的体积巨大，但真正能为分析带来洞察的数据可能只有一小部分。大数据的低密度性是一个重要的特性，它突显了在大数据环境中，数据的质量和相关性比数量更为重要。为了使数据分析具有准确性和有效性，需要对数据进行筛选、清洗和预处理，确保分析的数据是高质量且具有相关性的数据。

二、云计算和大数据技术在健身公共服务体系构建的具体应用

随着云计算和大数据技术的迅猛发展，健身公共服务体系也开始深度融合这些先进技术，旨在为市民提供更为精准、便捷的服务。云计算技术能够为健身设备和系统提供强大的计算与存储能力，支撑起各种健身应用和服务的运行。而大数据技术则能够对健身者的行为数据、健康数据进行深度分析，为其量身打造个性化的健身计划，同时对公共健身设施的使用率、偏好等进行统计，助力公共服务体系优化资源分配。这

种技术驱动的创新不仅提高了公共健身服务的质量，还助力健身服务体系走向智慧化、个性化的未来。

（一）提供科学合理的运动健身建议

云计算和大数据技术在近年来的技术领域中呈现出越来越明显的影响力。特别是在与人们的日常生活紧密相关的领域，如健康和运动，这两大技术已经成为改变规则的力量。对于广大的运动人群来说，如何运用这些技术来获得更科学、更合理的运动健身建议已经成为当今一个重要课题。

云计算和大数据技术能为运动人群带来很大便利。在传统的运动健身领域，很多人在进行锻炼或制定健身计划时，常常是基于个人经验或是参考一些通用的健身方法。但由于每个人的身体状况、基因、饮食习惯、生活环境等各方面都有所不同，因此这种一刀切的方法往往并不适用于每一个人。而云计算和大数据技术正好可以解决这一问题。云计算提供了巨大的数据存储和处理能力。当我们在进行锻炼或者日常活动时，通过各种智能设备，如智能手表、健康监测器等，可以实时地收集我们的心率、血压、运动量、能量消耗等数据。这些数据会被上传到云端，并进行实时或延后的分析处理。与此同时，大数据技术则可以从这些海量数据中寻找到有价值的信息。例如，它可以分析出运动员在进行某种运动时心率的变化情况、能量消耗的速度、肌肉的使用情况等，从而得到这种运动对该运动员的具体效益。此外，大数据还可以对不同的运动员、不同的运动类型、不同的锻炼环境等进行综合分析，找到最适合每个人的运动方式和强度。

基于这些分析结果，就可以为运动人群提供更加科学和合理的运动建议。例如，为某位中老年人提供一个适合其身体状况的有氧运动计划，为某位年轻人提供一个增肌的健身计划，为某位有特定健康问题的人提供一个能够帮助其解决这一问题的锻炼方案等。除此之外，云计算和大数据技术还可以帮助运动人群更好地监测自己的健康状况。例如，通过长时间的数据收集和分析，可以预测某个运动员在未来可能面临的健康风险，如过度锻炼、关节磨损等，并及时给予预警和建议。当然，云计算和大数据技术在为运动人群提供科学合理的运动健身建议时，也需要注意一些问题。首先，数据的准确性和完整性是非常关键的。如果收集到的数据有误或不完整，那么基于这些数据做出的分析和建议可能就会失真。其次，数据的隐私保护也非常重要。我们必须确保在收集、存储和分析数据的过程中，尊重并保护每个人的隐私权。云计算和大数据技术为运动人群提供了一个前所未有的机会，让他们能够更科学、更合理地进行运动锻炼。但同时，我们也需要不断地完善这些技术，确保它们能够真正为人们带来福祉。

（二）提供智能化的运动健身设备

随着现代科技的飞速进步，云计算与大数据技术已经渗透到了我们日常生活的方方面面。在运动健身领域，这两项技术正在催生一场巨大的变革，推动着运动健身设备向着更智能化的方向发展。

云计算为数据提供了一个集中存储和处理的平台，这意味着运动健身设备不再仅仅是单一、孤立的机器。通过将它们连接到云端，可以实时同步用户的运动数据，如运动者的心率、消耗的卡路里、锻炼的持续时间和强度等。对于运动者来说，这种云端的同步功能为他们提供了前所未有的便利。例如，一个人在跑步机上完成了一段距离后，他的这些数据可以实时上传到云端，而当他在户外进行骑行时，其智能手环或智能手表上的数据也可以同步到同一个云平台上。这意味着，无论运动者在哪里，无论他使用的是哪种设备，他都可以轻松访问和分析自己所有的运动数据。而大数据技术则为深度分析这些海量的运动数据提供了可能。从宏观的角度看，设备制造商和健身教练可以从数以百万计的用户数据中找出最有效的锻炼方法、最流行的健身趋势或是最常见的锻炼伤害。这些有价值的发现可以直接应用到运动健身设备的设计和制造上，使其更加人性化，更加贴合运动者的实际需求。

从微观的角度看，通过对单一用户的数据进行深入分析，大数据可以为运动者提供更为个性化的健身建议和策略。例如，对于那些希望增肌的人，可以先对他们过去的锻炼数据进行分析，然后智能化的健身设备会基于分析结果自动调整重量和次数，确保用户始终保持在最佳的锻炼状态。同样，对于那些希望减脂的人，智能设备可以调整运动的强度和时间，确保用户能够达到最大的卡路里消耗。

更为重要的是，云计算和大数据技术可以将个体与社区紧密连接起来。现代的智能健身设备往往具备社交功能，允许运动者与其他用户进行互动和比赛。这不仅为运动带来了乐趣，也为用户提供了额外的动力。通过与云端同步，运动者可以实时查看自己在全球或在某个特定社区中的排名，这种健康的竞争和比较可以激励他们更加努力地锻炼。而且这些智能化的健身设备也为运动者提供了一个与教练远程互动的平台。无论运动者身处何地，只要他的设备连接到云端，他就可以接受来自专业教练的指导与反馈。这种远程教学模式为那些居住在遥远地区、无法前往健身房的人提供了非常好的健身体验。

随着云计算与大数据技术的逐渐普及，我们可以预见，未来的运动健身设备将不再仅仅是一个硬件产品，而是一个集数据采集、处理、分析和反馈于一体的智能系统。这种设备不仅可以为运动者提供更为科学的锻炼建议，还可以为他们提供一个与其他运动者和专业教练互动的平台。我们有理由相信，云计算与大数据技术将为运动健身领域带来更为广阔的前景和无限的可能性。

（三）提供更加人性化和便捷化的健身咨询服务

云计算和大数据技术的发展和应用使得运动爱好者能够享受到更加人性化和便捷化的健身咨询服务。

云计算具有超强的数据访问和存储能力。通过云技术，运动人群可以随时随地访问自己的健身数据、历史锻炼记录和健康状况报告。例如，如果某人在国外度假，他仍可以轻松检查并跟踪他的运动进度，调整锻炼计划，或者查看专业教练提供的反馈和建议。大数据技术为我们提供了对健身和运动数据的深入理解。在过去，运动者可能只关心他们每天跑了多少公里或做了多少俯卧撑，但现在大数据允许我们深入分析这些数据，找出隐藏的模式和趋势。这种分析可以帮助运动者了解自己的锻炼习惯，发现可能的健康风险，并优化他们的训练方法和策略。

云计算和大数据技术的结合也使得健身咨询服务变得更加个性化。通过收集和分析个人的健身数据，健身教练和顾问可以为每个人提供量身定制的建议和方案。这不仅是以每个人的身体状况和运动目标为依据，还考虑了他们的生活方式、饮食习惯和其他相关因素。这种个性化的咨询服务不仅更加符合个人的需求，也更有可能带来实际和持久的效果。而且，云计算还会使健身咨询服务更为便捷。不再需要亲自去健身房或健康中心与教练面对面交谈，现在，运动者可以在家里、办公室等任何地方通过在线平台与教练进行视频聊天或文字咨询，打破了时间和空间的限制，使得健身咨询服务变得更具灵活性和高效性。

值得一提的是，这种在线咨询模式还为那些居住在偏远地区或难以访问专业健身中心的人打开了学习的大门。如今他们可以通过线上咨询轻松地获得高质量的健身指导和建议，而无需长途跋涉或支付高昂的旅行费用。大数据技术还使得健身咨询服务更加科学。通过对大量用户的数据进行分析，教练和专家可以不断更新他们的知识和技能，确保他们提供的建议始终与最新的科研成果和行业趋势保持一致。

云计算和大数据技术为运动人群提供了一个更为人性化和便捷化的健身咨询服务体验。这不仅可以使他们随时随地都能进行数据访问和咨询，还能保证他们获得的建议始终是个性化且具有科学性的。

第二节 物联网的应用

一、物联网概述

物联网（The Internet of Things），简称 IoT，是指通过各种信息传感器、射频识别（RFID）技术、全球定位系统等装置技术，实时采集需要监控、连接、互动的物体，收集声、光、热、电学等各种信息，然后通过各类网络接入，实现物与物、物与人的泛连接和对物品的智能化感知、识别和管理。

（一）物联网简介

目前，业界对物联网的定义存在一定的争议，各个地区或组织对于物联网都提出了自己的定义。本书认为，物联网是通过 RFID、红外感应器、全球定位系统、激光扫描器等信息传感设备，按约定的协议把任何物品与互联网连接起来进行信息交换和通信，以实现智能化识别、定位、跟踪、监控和管理的一种网络。其目的是让所有的物品都与网络连接在一起，以方便识别和管理。其核心是将互联网扩展应用于我们生活的各个领域。因此我们可以说，物联网是一种"万物相连的互联网"，是将各种信息传感设备与互联网结合起来而形成的一个巨大网络，能在任何时间、地点、人、机、物的互联互通。

物联网的概念最早出现于 1995 年比尔·盖茨（Bill Gates）的《未来之路》一书中。1998 年，美国麻省理工学院创造性地提出了当时称作 EPC 系统的物联网构想。1999 年，美国 Auto-ID 首次提出物联网的概念，它主要是建立在物品编码、RFID 技术和互联网的基础上提出的。

近几年来，物联网产业发展迅速。物联网作为一门科学技术，正逐步改变我们的日常生活。

现阶段的物联网应用包含了车联网、智能家居、医疗健康、可穿戴设备和各类物联网的消费市场，在多个行业的服务范围、方式和质量等方面都发挥极大的作用，大大提高了人们的生活质量。在国防军事领域，物联网应用带来的影响也十分广泛，大到卫星、导弹、飞机和潜艇等装备系统，小到单兵作战装备，物联网技术的应用能有效提升军事智能化、信息化和精准化，从整体上提升部队的战斗力。

物联网的关键技术有射频识别技术、微机电系统（MEMS）M2M（Machine to Machine）技术等。从通信对象和过程来看，物与物、人与物之间的信息交互是物联网的核心，它的基本特征可概括为整体感知、可靠传输和智能处理。整体感知是利用射频识别、二维码、智能传感器等设备感知并获取物体的各类信息；可靠传输是通过对互联网、无线网络的融合，实时、准确地传送物体的信息，以便信息交流和分享；智能处理是利用各种智能技术，对感知和传送的数据、信息进行分析处理，实现监测与控制的智能化。

虽然物联网近年来的发展已经渐成规模，但在长期发展的过程中仍然存在许多需要攻克的难题。在安全性方面，缺乏设备与设备之间的信任机制，设备都要与物联网中心数据进行核对，一旦数据库出现问题，就会对全网造成严重的破坏。在个人隐私方面，采取中心化的管理架构使得个人隐私数据泄露的情况时有发生。在扩展能力方面，未来物联网的设备将以几何级数增长，而中心化服务的成本将会变得巨大，这往往会成为阻碍发展的关键问题。在管理方面，物联网本身是一个复杂的网络体系，其应用领域遍及各行各业，不可避免地存在很大的交叉性。倘若此网络体系没有一个专门的综合平台对信息进行分类管理，则会出现大量信息冗余、重复工作、重复建设等资源浪费的情况，因此物联网需要一个能整合各行业资源的统一管理平台，使其能形成一个完整的产业链模式。

（二）物联网的应用领域

物联网技术在当代社会的应用是多种多样的，它正在逐步改变我们的生活方式、工作方式和思考方式。随着技术的发展，未来物联网将在更多的领域得到应用，使人们的生活更加便利。

1. 智能家居

智能家居，是对家居环境中应用物联网技术的各种电器和设备的总称。随着技术的进步，现代家庭已不再是单纯的居住空间，而是一个充满互动和智能化的生活体验中心。在物联网的影响下，日常生活中的冰箱、洗衣机、空调和电视等家用电器，实际上已经成为"智能核心"。这些设备不仅具有传统的功能，还加入了一系列的传感器、控制器和联网功能。例如，一个智能冰箱可以监测里面食物状态，当某些食物即将过期时，冰箱会自动提醒主人。而一个智能洗衣机可以依据所装衣物的材质和脏污程度，自动选择最佳的清洗方式和程序。另外，这些智能设备还可以与手机、电脑或其他智能控制中心连接，借助专门的应用程序，用户可以在任何地方远程操控家中的设备。

2. 智慧城市

在智慧城市的构建中，从路灯到垃圾桶，从公交站台到公园，每一个公共设施都实现了智能化。以路灯为例，传统的路灯只是简单的在固定的时间点开启和关闭，而智慧城市中的路灯配备了传感器和联网功能。它们可以根据天气、环境亮度和周围的行人流量自动调整亮度，从而实现更为节能和环保的照明。当路灯出现故障时，它可以自动向城市管理中心发出故障信号，便于及时维修。公交站台则利用物联网技术提供了更为精准的班车信息和预测。通过 GPS 定位和大数据分析，公交站台的电子屏幕可以实时展示即将到站的公交车数量和预计到达时间，大大提高了乘客的出行体验。不仅如此，这些公共设施与城市管理中心进行连接不仅可以使服务升级，还有助于大数据的收集与分析。通过对各种数据的综合分析，城市管理者可以更有针对性地进行城市规划、交通优化、能源管理等，使得整个城市的运行更加高效和环保。

3. 工业 4.0

工业 4.0 标志着制造业的一个新时代，它代表了第四次工业革命，将数字技术和物联网应用到工厂和生产线，使得制造过程更加智能和自动化。在这一背景下，传统的制造业设备如机器、生产线和其他设备被赋予了智能和连通性。这些设备不再是孤立的工作单元，而是成了一个整体的网络系统，能够与中央控制系统进行实时交流和数据分享。这种互联使得生产过程更为流畅，同时也大大提高了生产效率。生产自动化已经不仅仅是简单的机械化生产。在工业 4.0 的环境中，机器可以根据实时数据自行调整生产模式和节奏，使每一个生产步骤的效率都大大提升。这样，不仅可以降低人工成本，还能确保产品的一致性和高质量。

4. 健康医疗

健康医疗领域正在经历一场数字化的变革。物联网技术的引入使得医疗器械不再只是简单的测量工具，而是变得更加智能和互联，从而为患者和医生带来前所未有的便利。医疗中心可以实时接收并分析数据，找出可能的异常模式或趋势。例如，如果一个心脏病患者的心电图数据显示不正常的波形，系统可以自动发送预警告知医生和患者，建议他们做进一步的检查或调整治疗方案。

5. 现代农业

现代农业为传统的农作模式注入了创新和智慧。这种变革旨在提高农作效率，确保资源的最大化利用，同时减少浪费，为未来的可持续农业铺路。智能灌溉系统根据土壤的实时湿度数据精确控制水的供应,仅在植物真正需要时进行灌溉。这不仅节省了宝贵的水资源,还可以使作物在最佳的环境下生长。同样,施肥也不再是一个固定周期的任务。物联网技术使得农民可以根据土壤中营养成分的实时监测数据,精确地施加所需的肥料。这不仅降低了农民对化肥的依赖,还减少了因过量施肥造成的环境污染。但物联网在现代农业的作用远不止于此。农田中的传感器不仅可以监测土壤湿度,还能实时反馈土壤的温度、光照、pH 值以及其他关键指标。这为农民提供了一个全面的视角,帮助他们充分了解田地的实际情况,然后根据这些数据制定最佳的农作策略。

6. 交通运输

随着物联网技术的飞速发展,在城市中,车辆不再是单一的移动单位。通过内置的传感器和通信模块,汽车可以与城市的交通管理中心进行实时通信,接收实时更新的关于路况、交通流量和交通事故的相关信息。智能导航系统可以根据这些数据为驾驶员提供最佳的行车路线,减少拥堵和延误。火车运输技术也因物联网技术得到了巨大提升。现代火车上装备了各种传感器,它们可以实时监测火车的运行状态、轨道条件和环境因素。这些数据被发送到交通管理中心,可以为火车安全、准时地到达目的地提供保障。同时,当系统检测到可能的故障或障碍时,它可以自动调整火车的行驶速度或更改行驶路线,以确保乘客的安全。事故预警是物联网在交通运输中的另一个关键应用。当系统检测到可能的碰撞、超速或其他危险情况时,它可以自动发送预警信号给驾驶员或自动启动紧急制动系统,从而避免或减轻事故的发生。

7. 能源管理

物联网技术的引入为能源管理领域带来了巨大的变革潜力。电网已经从单一的输电网络转变为复杂的智能电网系统。这些系统能够实时监测电网的运行状态、电压、电流和负荷等关键参数。传感器分布在整个网络中，实时收集数据并发送到能源管理中心。当系统检测到可能会出现故障或超负荷情况时，就能够自动进行调解或发送预警信号，确保供电的稳定性和安全性。燃气网和石油管道也受益于物联网的技术优势。这些网络上的传感器可以实时监测流速、压力、温度等关键数据。例如，如果一个燃气管道出现了泄漏，系统可以迅速检测并自动关闭相关阀门，同时发送预警信息到管理中心，最大限度地减少损失和风险。物联网技术还有利于能源行业的管理。通过对设备的实时监测，管理中心可以提前发现潜在的故障，然后及时进行维修或更换，确保系统的稳定运行。

8. 环境监测

随着工业化和城市化进程的加速，对环境的持续监测与管理变得尤为重要。物联网技术为我们提供了一个实时、精确和智能的环境数据采集工具。物联网技术使得各种环境监测器可以广泛部署在城市、乡村、山区、水域等各种环境中。这些监测器配备了各种传感器，可以实时监测空气中的$PM_{2.5}$以及监测二氧化硫、氮氧化物等有害物质，还能监测水体中的重金属、细菌和化学污染物，以及土壤中的营养成分和污染物。这些实时数据被传输到中央管理系统，其中先进的数据分析工具可以对这些数据进行深入的分析，发现其中的异常模式并预测未来的污染趋势、制定有效的应对策略。更进一步，物联网技术还可以实现对某些环境问题的自动化响应。例如，当一个监测点检测到某种污染物超标时，它可以自动触发附近的空气净化器或水质处理设备，迅速改善污染情况。

9. 教育领域

随着物联网技术的蓬勃发展，教育领域也正在经历深刻的转型。例如，在智能教室中，教师可以通过控制面板快速调整灯光、音响和投影设备，而且学生的出席情况和参与度可以通过传感器进行自动记录。这种环境不仅提高了教学效率，而且为学生创造了更好的学习氛围。实验室也得到了物联网技术的赋能。学生可以不用亲自去实验室就能进行实验，他们可以远程控制实验设备，实时收集和分析数据，这对于远程教育和学生的自主学习都有很大的助力。物联网技术还推动了在线考试的广泛应用。学生可以在家中或任何其他地方参加考试，监考系统通过摄像头、麦克风和其他传感器确保考试的公正性和公平性。这种模式不仅为学生提供了更多的便利，还大大减少了学校的管理成本。物联网技术为教育领域带来了一场深刻的变革，推动了教育的数字化、智能化和全球化。这不仅提高了教育的效率和质量，而且为教育者和学习者带来了更多的机会和可能性。

二、物联网在健身公共服务体系构建的具体应用

随着社会的发展和科技的进步，物联网技术逐渐发展到了多个领域，为一些传统行业带来了创新的驱动力。在健身公共服务体系中，物联网的应用逐渐成了推动行业发展的关键因素。它不仅致力于实时监测与数据分析，更为健身爱好者和教练提供了个性化、智能化的服务，为大众带来了更加便捷、高效的健身体验。

（一）利用智能健身器材提供更加便利的运动环境与运动方式

如今智能健身器材在公共健身服务中的应用日趋广泛。这种应用不仅提高了公共健身设施的效率和吸引力，而且也为广大使用者提供了更加个性化、高效和科学的健身体验。可以说，智能健身器材已经从概念变成了现实，成为现代健身房和公共健身环境中的重要组成部分，为人们提供了十分便捷且丰富的服务。许多器材不再是传统的"哑"器械，它们能够实时记录使用者的各种训练数据，并通过先进的算法进行分析和反馈，从而为使用者提供更加科学、系统的锻炼体验。例如，当一个

人在使用一台智能杠铃进行深蹲时，该器材可以实时记录锻炼时长、所消耗的卡路里、提举的重量以及完成的次数。这些数据不仅仅是数字，更重要的是它们代表了使用者的健身效果以及所取得的进步。这是因为，随着训练的深入，使用者能够清晰地看到自己的力量在不断增加，肌肉耐力也在逐步提高，整个身体的机能都得到了改善。不仅如此，这些智能健身器材还能通过各种传感器检测到使用者的运动姿势和强度，确保运动的安全性并给出及时的反馈。比如，如果一个人在做卧推时手肘的角度不正确，智能器材可以通过内置的传感器和算法检测到这一问题，并通过屏幕或音频提示使用者要如何调整。这不仅仅是为了更好地锻炼身体，更重要的是为了确保使用者的安全，避免运动伤害。而当这些数据被记录下来后，它们并不是孤立存在的。通过连接云端，这些健身数据可以被同步到用户的私人账号中，无论他们身处何地，都可以通过手机、平板或电脑查看和分析自己的训练数据。这样一来，不仅方便了使用者随时查看自己的锻炼情况，更重要的是它还能为使用者提供一个持续的健身反馈系统。

在长期的锻炼过程中，锻炼者能够清晰地看到自己的进步和改变，这对于锻炼者来说是最好的鼓励。通过图表、曲线和数据对比，使用者能够明确知道自己在哪些方面有所进步，哪些方面还需要加强。而这些数据还可以与健身教练或医生共享，使他们更好地为使用者制定训练计划或健身建议。这种数据的积累还有助于形成一个大数据系统。当大量用户的健身数据被收集并分析后，健身器材制造商、健身房和健身教练可以更好地了解用户的健身需求和习惯，从而为他们提供更加贴心和专业的服务。智能健身器材不仅仅改变了人们的锻炼方式，还为人们提供了更加科学且系统的健身方法。通过实时的数据记录和反馈，以及与云端的连接，使人们在锻炼时能够获得最佳的效果和最大的安全性，也使健身行业有了更加广阔的发展前景。

（二）通过物联网技术构建更加智能的公共健身场所

公共健身场所，从传统的健身房、游泳池到户外健身园、跑步轨道，一直是许多人追求健康生活的首选之地。而随着物联网技术的普及和成熟，如何利用这一技术为公共健身场所注入智慧成为人们需要重视的问题。通过物联网技术构建的智能公共健身场所，不仅为市民提供了更加便捷和舒适的健身体验，还为城市的健身文化和健康管理提供了全新的思路。物联网技术首先为公共健身场所的管理和维护带来了革命性的变革。每一件健身器材，无论是固定的健身机还是可以移动的哑铃、瑜伽垫，都可以通过传感器和无线连接与中央管理系统连接。这意味着健身中心的管理员可以实时掌握所有设备的使用情况、维护需求和能源消耗。例如，如果一台跑步机出现故障，系统会立即发出警告，工作人员便可以迅速介入进行维护，大大减少了设备的停机时间和维修成本。物联网技术还赋予了公共健身场所前所未有的用户体验。当用户进入健身中心，他们可以通过智能手机或智能手环与健身器材进行无缝连接。不要进行复杂的设置，用户即可开始他们的锻炼，并实时接收到有关锻炼强度、持续时间、消耗卡路里等数据的反馈。这些数据不仅帮助用户更好地了解自己的健身情况，还可以为他们提供个性化的健身建议和训练计划。物联网技术的应用还远不止于此。在户外健身园和跑步轨道，智能传感器和摄像头可以实时监测天气、环境质量和人流量，为用户提供最佳的健身时机和环境建议。例如，当空气质量较差时，系统会建议用户在室内进行锻炼，或是选择有空气净化设备的健身房；而当周围的人流量较大时，系统则会为用户推荐较为空旷的健身区域，以确保他们的锻炼质量和安全性。

智能公共健身场所还为城市的健康管理提供了新的可能性。通过对大量用户的健身数据进行分析，城市管理者可以更好地了解市民的健身需求和习惯，从而为他们提供更加贴心和专业的健身服务。这不仅有助于提高市民的健身积极性，还可以有效降低公共健康支出，为城市的可持续发展作出贡献。

　　然而，智能公共健身场所的建设也面临着很多问题。如何确保用户数据的隐私和安全，如何处理大量的健身数据，以及如何将物联网技术与传统的健身文化和管理方式相结合，都是需要认真考虑和解决的问题。但不可否认的是，随着物联网技术的发展，智能公共健身场所将为全球各大城市带来前所未有的健身体验，将成为未来城市生活的新标志。

第三节　人工智能的引入

一、人工智能概述

　　人工智能是计算机学科的一个分支，二十世纪七十年代以来被称为世界三大尖端技术（空间技术、能源技术、人工智能）之一。也被认为是二十一世纪三大尖端技术（基因工程、纳米科学、人工智能）之一。

（一）人工智能的定义

　　人工智能（英语：Artificial Intelligence，缩写为 AI）亦称智械、机器智能，指由人制造出来的可以表现出智能的机器。"人工智能（artificial intelligence，AI）是一门研究和开发人类智能的理论、方法、技术及应用，并在此基础上模拟、延伸和扩展人类智能的科学技术。该研究领域主要包括机器人、图像分类与识别、语言识别、自然语言处理和专家系统等。人工智能技术自诞生以来，其理论基础和技术日渐成熟，应用领域也在不断扩大，未来人工智能带来的科技产品将会进一步改善人类生活。"① 通常人工智能是指通过普通计算机程序来呈现人类智能的技术。该词也指出研究这样的智能系统是否能够实现，以及如何实现。

如果对人工智能进行更为细致的界定，其定义可以分为两部分，即"人工"和"智能"。"人工"比较好理解，争议性也不大。有时我们需要考虑什么是人力所能及制造的、人自身的智能程度有没有高到可以创造人工智能的地步等问题。"人工系统"就是通常意义下的人工系统。而关于什么是"智能"则会涉及意识、自我、思维等多方面的问题。人唯一了解的智能是人本身的智能，这是普遍认同的观点。但是人们对自身智能的理解都非常有限，对构成人的智能的必要元素也了解不多，所以就很难定义什么是"人工"制造的"智能"了。因此人工智能的研究往往涉及对人的智能本身的研究。其他关于动物或其他人造系统的智能也普遍被认为是人工智能相关的研究课题。

（二）人工智能的特点

人工智能技术以其自动化、便捷、高效和精确的数据处理和预测功能而受到赞誉，核心包括数据、算力和算法三大元素。大部分 AI 应用需要大规模和高品质数据来支撑，配合高效的算法设计模型，然后利用云服务或高效计算机进行模型训练，以期得到可解决实际问题的功能模型。大公司如阿里、腾讯等因拥有庞大用户群体而具有海量数据。他们的数据标注任务通常是外包的，而数据标注的质量直接关系到 AI 模型的准确性。在工业界，处理众多图片、视频和场景时，计算需求也变得极为庞大，导致很多公司投入大量资金购买 GPU、FPGA 等硬件，增加了成本压力。加上算法领域的专家稀缺，有可能错过更优的算法解决方案。这些难题都是 AI 行业发展中的焦点，目前尚无完美答案。

---

① 孙建国.数字化智能放疗 [M].济南：山东科学技术出版社，2019：94.

（三）人工智能的核心能力

人工智能的目标是能够胜任一些通常需要人类智能才能完成的复杂工作，帮助人类以更高效的方式进行思考与决策，其核心能力体现在以下三个层面。

1. 计算智能

人工智能的核心能力之一在于计算智能。机器的超强记忆力和超快的计算能力是其最基本的优势。与人类相比，机器可以不断地、毫无停歇地工作，不受情绪、疲劳或生理需求的影响。这意味着，给定足够的数据，机器就可以在短时间内完成数年甚至数十年的学习任务。当然，这种学习并不是机器以真正"理解"为基础的学习，而是从数据中找到模式，进行优化，再将其应用于实际问题的解决。对于许多复杂的任务，如语言翻译、图像识别或复杂的策略游戏等，只依靠单纯的编程规则是远远不够的。在这种情境下，深度学习，作为一种模拟人脑神经网络结构的机器学习方法，显示出了惊人的能力。它能够自主地从原始数据中找到特征，而不需要预先定义的规则。以阿尔法狗为例，这是一个具有里程碑意义的实例，标志着计算智能在某些领域达到或超越了人类专家的水平。比如围棋这个古老的游戏，因其可能的走法数量超过了宇宙中的原子数量，被认为是机器难以征服的堡垒。然而，通过深度学习和增强学习的结合，阿尔法狗不仅学会了围棋的基本规则，还创造了一些前所未见的策略，这在人类围棋史上都是前所未有的。它背后增强学习技术的过程是让机器通过与环境的互动进行学习的过程，借助于反馈来调整其行为策略，以实现最大的长期奖励。而价值网络与策略网络这两种深度神经网络的引入，则使其在每一步中都能做出明智的决策。

2. 感知智能

人工智能的第二个核心能力是感知智能。感知智能不仅是关于数据的处理，还是关于理解、解读和响应这个世界的各种刺激。这种理解和解读使机器能够以人性化的方式与环境和人类互动。机器的"感知"与人类的感知在本质上是有区别的。当人们看到、听到或感觉到某物时，我们的大脑会处理这些信息并结合过去的经验和情感来形成反应。而机器通过传感器接收数据，然后将这些数据转化为对其有意义的格式，最后进行逻辑分析以决定如何行动。视觉是机器感知的一个核心领域。机器视觉技术能够帮助机器识别形状、颜色、纹理和运动状态。这不仅仅是像素点的处理，更是关于图像中的对象、事件和场景的识别和解释。例如，无人驾驶汽车必须快速且准确地识别路标、其他车辆、行人和各种障碍物；听觉技术使机器能够理解声音；语音识别技术让我们的设备能够"听懂"我们的话，并做出响应；而更为高级的声音分析技术，如声纹识别，甚至能够辨别说话者的身份；触觉技术则赋予机器"触摸"的能力，如某些高级机器人具有传感器覆盖的"皮肤"，这些传感器可以检测压力、温度和纹理，从而模仿真实的触觉体验。

3. 认知智能

人工智能的第三个核心能力是认知智能。人类大脑是通过逻辑推理来做决策的，还会结合情感、经验和直觉。大脑会在我们的记忆中寻找相关的信息，形成假设，然后通过推理来验证这些假设。为了实现这种模拟，人工智能机器要具备深度学习的能力。这允许它们从大量的数据中提取模式和关系。而随着经验的增长，这些模式和关系可以帮助机器更好地解决新的、之前未曾遇到的问题。但是，仅仅识别模式并不足以模拟人类的认知过程。机器还要具备生成假设并进行推理的功能。当面对一个问题或情境时，机器不仅要基于现有的数据作出判断，还要能够设想多种可能的情境，并预测每种情境的可能结果。例如，当一个认知智能系统被用于医学诊断时，它可能需要考虑许多不同的因素，如病人的病史、现有的症状、实验室测试结果等。然后，系统会生成多种可能的诊断，并为每种诊断计算一个可能性。医生就可以基于这些计算的结果作出更加明确的决策。然而，认知智能并不是一个简单的任务。尽管我们已经在这个领域取得了很大的进步，但模拟人类大脑的完整能力仍然是一个巨大的挑战。认知智能有可能彻底改变我们的未来。随着技术的进步，人们可能会看到更多具有认知能力的机器出现在我们的日常生活中，但随之而来的新挑战和问题也需要相关领域的工作者和研究人员进行深入的考量。

二、人工智能在健身公共服务体系构建的具体应用

当代社会，人工智能（AI）在各个领域都发挥着越来越重要的作用，其中就包括健身公共服务领域。在健身公共服务体系的构建中，人工智能可以提供更加个性化、智能化的服务，从而使人们能够更有效地实现健康目标。

（一）利用人工智能推出虚拟健身教练服务

随着科技的进步和数字化转型，公共健身服务也正在经历一场深刻的变革。其中，利用人工智能技术推出的虚拟健身教练服务尤为引人注目。这种服务不仅为用户提供了随时随地、按需订阅的健身指导，还在很大程度上降低了用户的经济负担和时间成本。

这些虚拟健身教练的基础是先进的 AI 技术。他们并非简单的视频回放，而是基于用户的输入信息、健康数据和实时反馈生成的个性化的健身建议。无论用户是初学者还是资深健身爱好者，都可以获得适合自己的锻炼计划。这些虚拟健身教练的指导并不局限于传统的健身动作。他们可以分析用户的动作执行，通过计算机视觉技术识别用户的姿势是

否正确，然后给予及时的反馈，确保每一个动作都能达到预期的效果，同时减少受伤的风险。比如，当用户进行深蹲时，虚拟教练可能会提示用户注意膝盖不要超过脚尖，以保护膝关节不受伤。这种服务的灵活性也是其受欢迎的原因之一。不论是在家、办公室还是酒店，只要有互联网连接，用户都可以随时启动这个服务，与虚拟健身教练进行互动。这无疑为那些因为工作忙碌、家庭繁忙或其他原因而难以坚持到健身房锻炼的人们提供了一种非常方便的锻炼方式。这些虚拟健身教练还能为用户提供持续的激励和鼓励。他们会记录用户的锻炼数据，如锻炼时长、消耗的热量、完成的动作数量等，并据此为用户设定新的目标。每当用户达到一个新的里程碑，例如连续锻炼 10 天、完成 100 次俯卧撑等，虚拟教练都会给予用户表扬和奖励，从而激发他们继续坚持下去的动力。但虚拟健身教练并不能完全替代真人教练。相反，他们更像是真人教练的辅助工具，可以帮助真人教练更好地了解学员的需求和进度，从而提供更加精准和高效的指导。而对于学员来说，他们可以在虚拟教练的基础上，再选择适时与真人教练进行深入互动和沟通，以达到最佳的健身效果。

随着 AI 技术的进一步发展，虚拟健身教练服务的潜力将得到进一步挖掘，为全球数以亿计的健身爱好者带来更加便捷、高效和个性化的健身体验。

（二）利用人工智能实现体育健身的全面性互动

在现代社会里，人们对于健身的理解已不再仅限于肌肉锻炼或体能提升，更多的是追求全面性的体验，包括心理、社交和情感层面的满足。在这个背景下，人工智能技术为体育健身领域的公共交流服务带来了前所未有全面性互动。

智能健身社区平台的出现为健身爱好者们提供了一个云端的"健身房"。在这里，他们不仅可以记录和追踪自己的健身进度、膳食摄入和睡眠质量，还可以观看各种教学视频，学习新的运动技巧和锻炼方法。这些内容不仅由专业教练制作，还可以根据 AI 的算法，根据用户的个人喜好、身体状况和健身目标进行智能推荐，确保每位用户都能获得最适合自己的健身建议。除了知识和技能的分享，这些平台上的社交功能也为用户带来了全新的健身体验。通过 AI 技术，平台可以分析用户的健身习惯、兴趣和位置信息，并以此为依据为他们推荐合适的运动伙伴或小组。例如，如果你是一个热爱跑步的新手，平台会为你推荐一些附近的跑步团队，或者是推荐一些有相似健身目标和兴趣的朋友。这不仅可以帮助用户找到志同道合的运动伙伴，还可以为他们提供持续的跑步动力，使健身变得更加有趣和高效。AI 技术还可以通过深度学习和数据分析，挖掘用户之间的深层次连接和相似性。比如，通过分析用户的健身数据、社交互动和反馈，平台可以为用户创建一个"健身指数"，这个指数不仅反映了用户的健身水平和进度，还可以作为用户之间相互比较和竞争的依据。这种健康的竞争氛围可以激励用户更加努力锻炼，同时也增强了社区的凝聚力和活跃度。不可否认的是，这种基于 AI 的健身社区平台确实为用户提供了更大的自由度和更多的选择。他们可以根据自己的需求和喜好，选择加入不同的社区、参与不同的活动，或者与不同的人进行互动。而对于那些因为各种原因而无法到健身房进行锻炼的人来说，这种在线的健身社区无疑为他们提供了一个非常好的选择。

（三）利用人工智能进行公共健康数据分析

公共健康是社会发展的重要指标，涉及每一个个体的福祉。近年来，随着数字化和技术的迅速发展，人们越来越依赖于以数据为依据来理解和解决公共健康问题。人工智能（AI）在这里发挥了至关重要的作用，为我们提供了一种新的、高效的方法来处理和分析大量的健康数据。

AI 可以协助我们进行大规模的数据收集。在很多地方，特别是在发展中国家，健康数据的收集仍然是个巨大的挑战。但通过智能传感器、可穿戴设备和移动健康应用程序，我们现在可以实时、连续地收集关于个体健康状况的数据，无论是心率、血糖、睡眠质量，还是运动、饮食习惯等。这为公共健康研究提供了大量的原始数据。有了数据后，AI 算法可以对数据进行深度分析。传统的数据分析方法可能需要几周甚至几个月的时间来处理大规模的数据集，但使用 AI，特别是使用神经网络技术的话，我们在几小时内就可以完成同样的任务。这不仅大大加快了分析速度，还可以发现数据中隐藏的模式和关联，这些是人类分析师很难发现的。更重要的是，AI 还可以帮我们做出预测。比如，基于过去的数据，AI 可以预测某个地区未来的流行病暴发，或者预测哪些人群更有可能患上某种疾病。这为政策制定者和公共健康专家提供了一个具有前瞻性的工具，以帮助他们更好地制定预防策略和干预措施。AI 还可以为公共健康决策提供支持。通过模拟不同的公共健康策略，AI 可以预测其可能的效果和影响，从而帮助决策者做出正确的选择。这是一个非常重要的功能，尤其在资源有限的环境下，确保每一分钱都能发挥最大的效益。对于研究者而言，AI 提供了一个强大的工具来进行复杂的健康数据分析。例如，通过对成千上万人的基因数据进行分析，AI 可以帮助我们理解疾病的遗传基础，或者找到新的治疗方法和药物靶点。同时，AI 也可以帮助研究者验证他们的假设，通过大量的实验数据来证明或否定某个理论。

第四节　社交媒体的融合

一、社交媒体概述

在当今世界，社交媒体已经成为我们生活中不可或缺的一部分，它极大地改变了人们之间的沟通方式、信息流通方式，甚至对于文化的形成和传播也产生了巨大影响。社交媒体的核心是基于互联网技术的平台，它允许用户创建、分享、交互和评论内容。这种沟通方式不同于电视、报纸等传统的一对多的传媒模式，社交媒体是多对多的，每个用户都可以成为内容的创建者和消费者。

社交媒体（Social Media）指互联网上基于用户关系的内容生产与交换平台。社交媒体是人们彼此之间用来分享意见、见解、经验和观点的工具和平台，它们在互联网的沃土上蓬勃发展，迸发出巨大的能量，其传播的信息已成为人们浏览互联网的重要内容，不仅制造了人们社交生活中争相讨论的一个又一个热门话题，也吸引了传统媒体争相跟进。

简单来说，社交媒体就是由大批网民自发贡献、提取和创造新闻资讯，然后再进行传播的过程。有两点需要强调，一个人数众多，一个是自发的传播，如果缺乏这两个因素的任何一点都不会构成社交媒体的范畴。社交媒体的产生依赖于WEB2.0的发展，如果网络不赋予网民更多的主动权，社交媒体就失去了群众基础和技术支持，失去了根基。如果没有技术支撑那么多的互动模式和互动的产品，网民的需求只能被压制而无法释放。如果没有意识到网民具有强烈的自我表达的愿望也不会催生那么多眼花缭乱的技术。社交媒体正是基于群众基础和技术支持才得以发展的。

社交媒体的快速发展对于当代社会具有一定的积极意义。第一，有利于企业信息透明化，社交媒体比以往任何一次技术革新都更能促进企业的协作精神，从而使所有的公司和组织都能处于公众的监督之下。企业对社交媒体积极性越高，其透明度也就越高。例如，惠普的员工博客计划使得外界能够更好地洞察惠普的内部状况。第二，有利于提升产品质量，社交媒体使得所有消费者都可以针对产品发表评论并提出批评，因此厂商的产品必须质量过硬。产品质量不过关的厂商将会被曝光并因此而倒闭。第三，有利于创造消费者真正需要的产品。目前许多企业都愈发注重听取用户的意见和反馈，并以此为依据创造更好的产品。大型企业对此越积极，就越能促进这种模式的发展。

在信息化的现代社会，社交媒体的出现和普及与智能手机和移动互联网技术的飞速发展密不可分。随着智能手机的渗透率上升，人们可以随时随地上网，这使得社交媒体成为人们日常生活中必不可少的一部分。无论是在公交车上、在办公室、还是在家里，人们都可以轻松地通过社交媒体与他人建立联系、分享信息和观点。

社交媒体还改变了新闻业的面貌。以前，新闻的生产和传播主要掌握在少数大型媒体机构手中。而如今，每个人都可以是记者，每个事件都有可能成为新闻。这使得新闻更加多样化和民主化，但同时也带来了信息真实性的挑战。假新闻和谣言在社交媒体上迅速传播，这给社会带来了很大的困扰。然而，社交媒体不仅仅是一个信息传播的工具，它也是一个文化现象。在这里，新的亚文化、新话题都可以迅速形成并得到传播。例如，流行语、表情包和挑战赛都是社交媒体文化的产物，它们在短时间内获得了大量的关注和讨论。社交媒体也带来了一系列的问题和挑战。隐私问题、网络霸凌、心理健康问题等都与社交媒体的使用有关。这使得很多人对社交媒体持怀疑态度，认为它对社会的影响不尽是好。因此如何正确使用社交媒体、如何确保信息的真实性、如何保护用户隐私等问题都成了当前社会所面临的重要问题。

社交媒体已经深深地渗透到了我们的日常生活中，它改变了人们的沟通方式、信息消费习惯和文化形态。社交媒体的出现是数字化和互联网技术发展的必然产物，它反映了现代社会的特点和趋势。但与此同时，社交媒体也给我们带来了一系列的挑战，这需要我们共同去面对和解决。

二、社交媒体在健身公共服务体系构建的具体应用

社交媒体在健身公共服务体系构建中的应用十分广泛，它为公共健身服务行业带来了巨大的机会和挑战。如何更好地利用社交媒体，为

用户提供更加高效、个性化的健身服务，是未来社会的一个重要发展方向。

（一）利用社交媒体促进公共健身知识传播与推广

社交媒体作为一个全球连接的数字化平台，它为健身知识的传播提供了前所未有的机会。

从城市的核心区域到偏远的乡村地带，从年轻的学生到退休的老人，人们都在社交媒体上与家人、朋友和同事分享生活的点点滴滴。健身，作为一个日益被大众所重视的领域，在社交媒体上得到了广泛的关注。

社交媒体的实时性与互动性意味着健身教练或专家可以实时传播有关运动方法、饮食建议和心理建议的内容。与此同时，他们还可以与关注者进行即时互动、回答他们的疑问、听取他们的反馈，并对内容进行及时调整，以满足受众的需求。这样的沟通方式，使得健身知识的传播更具针对性和有效性。社交媒体的普及意味着健身知识可以迅速扩散到广大用户，如令人鼓舞的健身故事、高质量的健身教程、科学的饮食建议，只要内容有吸引力，都有可能在短时间内获得大量的点赞、分享和评论。这种自发的用户参与不仅增加了内容的传播范围，还极大增强了内容的可信度。随着智能手机和移动互联网的普及，越来越多的人开始使用健身APP。这些APP通常都具备社交功能，使用户可以分享自己的健身成果并交流健身经验，甚至还能通过这些APP找到志同道合的健身伙伴。社交媒体在这里起到了桥梁的作用，将有着相似健身目标和兴趣的人们聚集在了一起，促进了他们之间的沟通和交流。可以说，社交媒体正在深刻地改变公共健身服务的形态。它不仅让更多的人了解到健身的重要性，还提供了一个开放的平台，通过这个平台，人们可以轻松地获取健身知识、交流健身经验并找到健身伙伴。随着社交媒体技术的进一步发展，它在健身领域的应用将更加广泛和深入，为公众提供更加便捷和高效的健身服务。

（二）利用社交媒体开办免费线上健身课程

随着互联网的普及，社交媒体为教育和培训领域开辟了新的机会。健身领域也不例外，越来越多的教练和健身机构正在利用社交媒体开办免费的线上健身课程，为公众提供方便、高效的锻炼咨询服务与指导服务。无论是城市的白领，还是农村的青年，只要有网络连接，他们都有机会接触到这些课程。这种去中心化的学习方式，大大提高了健身知识的普及率，可以使更多的人有机会接受专业的健身指导。线上健身课程具有很强的灵活性，这不同于传统的健身房，用户无需走出家门，就可以在任何地点、任何时间参与课程。这种"随时随地"的学习模式，特别适合工作繁忙或居住地偏远的人群。除了上述优势以外，免费的线上健身课程还有助于激发公众的健身热情。在社交媒体上，用户可以看到他人的健身成果，听到别人的健身经历，这些正面的反馈会进一步鼓励用户积极地参与到健身活动中去。而免费的健身课程，降低了他们的参与门槛，使他们更有动力去尝试和坚持。虽然这些课程是免费的，但同样具有很高的专业性和实用性。许多经验丰富的健身教练和专家都愿意分享他们的知识和技巧，帮助公众建立正确的健身习惯，以避免受伤的风险。这些课程通常以视频、图文教程和实时直播的形式传递给用户，并且会涵盖各种健身主题，如瑜伽、跑步、力量训练等。

总而言之，利用社交媒体开办免费的线上健身课程，不仅能够帮助公众获得健身知识，还可以增强他们的健身意识，促进他们的身心健康。随着社交媒体技术的进一步发展，这种健身模式有望成为未来健身领域的一个重要趋势。

（三）利用社交媒体呼吁专业人群主动做好健身公共服务

在这个数字化、互联网化的时代，社交媒体的力量已经超出了许多人的想象。社交媒体在鼓励和动员专业人群方面有巨大的潜能，促使他们为大众提供更加专业和有针对性的公共健身指导和建议。一方面，社交媒体为专业人群提供了一个展示自己技能和知识的舞台。无论是经验丰富的健身教练、营养师还是体育医学专家，他们都可以通过发布相关的文章、视频或图片，来展示自己的专业能力，以吸引更多人的关注并获得人们的信赖。与此同时，社交媒体的开放性和互动性使得这些专家能够与公众直接交流，回答他们的疑问，为他们提供有针对性的建议。另一方面，社交媒体也为专业人群创造了一个相互学习和交流的空间。他们可以关注同行，学习他们的经验和方法，与他们进行深入的交流和合作，不断提高自己的专业水平。这样，不仅有助于形成一个健康的竞争氛围，还可以促进健身领域的知识和技术的传播和更新。社交媒体的互动性和即时性也为专业人群提供了一个获取反馈的渠道。他们可以通过问卷调查、在线讨论等方式，了解公众的需求和困惑，然后进一步完善自己的服务内容和方式，从而更好地满足大众的健身需求。

通过社交媒体，健身领域的专业人群可以获得宣传和推广的渠道。他们可以通过与其他健身相关的账号合作，发布广告和推广信息，以吸引更多人的关注。同时，利用社交媒体快速传播的特性，发起各种健身挑战和活动，鼓励大众参与其中，形成一个良好的健身氛围。

社交媒体为健身公共服务的专业人群提供了一个广阔的空间和无限的可能性。只要他们能够充分发挥社交媒体的优势，与大众建立起真正的互信和互动，就可以为他们提供更加专业和有针对性的健身服务，真正实现健身公共服务的目标和价值。

第五节　移动应用的开发

一、移动应用概述

移动应用（Mobile Application，缩写为 MA）从广义上讲，它包含个人以及企业级应用。狭义上则是指企业级商务应用。移动应用不只是在手机上运行软件那么简单，它涉及企业信息化应用场景的完善和扩展，带来 ERP 的延伸，让 ERP 无所不在，通过广泛的产业链合作为用户提供低成本的解决方案。可以说，移动应用将带来企业信息化商业模式的新变革。

在这样一个信息化时代，移动应用具有许多特有的优势。从社交互动、购物、教育、健康、银行、到各种休闲娱乐，移动应用为我们提供了前所未有的便捷性和多样性。

移动应用的普及性为其带来了巨大的优势。在全球数十亿的智能手机用户中，大多数人都会下载并使用各种应用，这使得企业和开发者有了与用户互动的新机会。它们可以在用户的指尖为其提供各种服务和信息，使用户能够在任何时间、任何地点轻松访问。

移动应用带来的个性化体验也是其重要优势之一。基于用户的历史数据和偏好，应用可以提供量身定制的内容和建议，从而提高用户的满意度和参与度。例如，推荐算法可以为用户推送他们可能感兴趣的新闻、音乐或商品。

移动应用还大大提高了效率。在商务领域，移动应用可以帮助员工更加迅速地完成任务、更好地与团队协作以及实时地获取和分享信息。此外，针对特定行业的专业应用也为专业人士提供了大量有用的工具和资源。

在生活方面，移动应用为我们提供了无数的便利。无论是预约服务、健康管理，还是在线学习、在线购物，移动应用都使得这些活动变得更加简单快捷。在传统的业务模式下，消费者可能需要亲自前往商店或服务中心，而现在，他们只需轻触屏幕就可以买到想要的东西、获得所需的信息。

随着技术的进步，移动应用也逐渐融合了先进的技术，如增强现实（AR）、虚拟现实（VR）、人工智能（AI）等，这使得移动应用不仅仅是提供信息和服务的工具，还能为用户带来沉浸式的体验。例如，零售商可以使用 AR 技术为用户展示商品在真实环境中的外观，而语言学习应用可以通过 AI 为用户提供实时的语音识别和反馈。

不可否认的是，移动应用也为企业和品牌带来了巨大的商业价值。通过移动应用，企业可以直接与用户互动，收集宝贵的用户数据，然后进行精准的营销活动，从而提高销售和品牌忠诚度。但是，移动应用的广泛应用并不仅仅是技术进步的结果，它还反映了人们对便捷、实时和个性化服务的日益增长的需求。在这个快节奏的时代，人们需要的是能够满足自身多种需求、能够随时随地使用的工具，而移动应用正是这样的工具。移动应用为我们带来了许多便利，无论是在生活、工作还是在娱乐方面。随着技术的进步和人们对数字化服务需求的增长，移动应用的重要性和影响力只会进一步增强。

二、移动应用在健身公共服务体系构建的具体应用

移动应用已成为健身公共服务体系构建的重要组成部分。随着科技的发展，越来越多的人开始依赖手机和其他智能设备来辅助自己健身和进行健康管理。为了满足大众的需求，许多健身公共服务机构已经开始采纳以移动应用为核心的策略来为公众提供更好的服务。

在过去的几年里，我们看到了智能设备如何改变了健身和健康管理的方式。从智能手环到智能手表，这些设备不仅可以追踪我们的每日

活动、心率、卡路里消耗等，而且还可以与移动应用相结合，为用户提供更加全面的数据分析和健康建议。而这一切，都离不开移动应用的支持。

公共健身中心和体育设施已经意识到，通过移动应用，它们可以为用户提供更加便捷的预约系统、个性化的健身计划、实时的健康监测等服务。这不仅提高了用户的满意度和使用频率，而且还大大提高了机构的运营效率。

虚拟健身课程和在线教练服务也正逐渐成为主流。用户无需离开家就可以进行健身训练，这种服务受到了大众的欢迎。而这背后，都离不开移动应用的技术支持。

社交和互动也是移动应用在健身公共服务体系中的重要应用。用户不仅可以通过应用分享自己的健身成果、参与健身挑战赛，还可以和其他健身爱好者进行交流和互动，形成一个健康的健身氛围。

当然，随着移动应用在健身公共服务体系中的应用越来越深入，也出现了一些新的挑战，如用户数据的安全和隐私保护、应用的易用性和功能性等。但无论如何，移动应用已经成为健身公共服务体系不可或缺的一部分，它的影响力只会越来越大。

第十一章　构建高质量全民健身公共服务体系的挑战与机遇

第一节　构建高质量全民健身公共服务体系的挑战

构建高质量全民健身公共服务体系的挑战如图 11-1 所示。

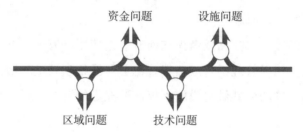

图 11-1　构建高质量全民健身公共服务体系的挑战

一、资金问题

建立和维护高质量的公共健身设施的资金问题，是一个普遍且重要的挑战。

为了建立一流的健身设施，除了基础建筑和设备的初次投入以外，还需要考虑多方面的长期运营成本。例如，运营中可能会涉及电力、水费、物业管理、安全设施等日常开销。同时，专业设备的维护、更换及升级也是资金流出的主要方向。

一般来说，公共预算是资金来源的一个重要方向。政府要调整预算，重新分配资源，确保公共健身设施的建立与维护，这通常需要经过政府部门之间的磋商和多轮的审批，而每个阶段都可能遭遇争议和挑战。有时公众对政府如何使用税收产生疑问或批评，这可能导致项目的推迟甚至取消。私人投资是另一个可能的资金来源。有时政府会与私人企业合作，通过公私合营的方式来建立和管理健身设施。这种方式的优点是可以有效地结合公共资源与私人资本，将风险和收益分散，并引入市场化的管理方式。然而，公私合营模式也可能带来一些问题，例如私人投资者过于关注盈利，可能会影响公众的利益，或者导致价格上涨，限制了低收入群体的访问。除了公共预算和私人投资，还有其他可能的资金来源，如通过筹款、赞助、众筹等方式来筹集资金。这些方法可能依赖于社区的支持、企业的社会责任感或公众的热情。这也意味着筹款成功与否可能取决于项目如何与公众的需求和期望相匹配，以及筹款活动的策划与执行如何。

在资金问题上，还需要考虑如何有效地使用已有的资金。即便有了足够的资金，如果管理不善或浪费，也可能导致项目的失败。因此，建立和维护高质量的公共健身设施不仅需要充足的资金，还需要明智和有效的管理。

未来的经济环境也是要考虑的一个重要因素。例如，经济衰退可能导致公共预算减少，私人投资者的风险偏好下降，而公众的消费能力也可能受到影响。这都可能对健身设施的建设和运营产生影响。

资金问题在建立和维护高质量的公共健身设施中是一个复杂而重要的挑战。解决这一问题需要综合考虑多种资金来源，并确保有效管理用于构建全民健身公共服务体系的一切资金。

二、设施问题

维护公共健身设备和设施的工作，绝不仅仅是简单的日常保养，它涉及多方面的专业知识、技能和资源配置。如今部分区域在对待公共健身设施时，维护与保养工作还不够完善，这成为健身公共服务体系在构建和优化过程中的一大挑战。

公共健身设施的磨损是不可避免的，因为这些设施每天都在被广泛使用。不同的健身设备，如跑步机、固定自行车、举重器械等，都有其特定的使用寿命和易损部位。而这些设备的磨损不仅会影响使用者的运动体验，还可能会导致受伤的风险增加。随着技术的进步，健身设备也在不断更新换代。新的设备可能会有更多的功能、更好的效率和更高的安全性。这意味着，即使现有的设备仍在正常工作，也可能需要考虑替换它们，以确保健身设备能为大众提供最佳的运动体验。

但更换设备并不是一件简单的事。这涉及重新布局、培训教练和员工、更新使用指南等。旧设备的处理也是一个需要考虑的问题，是否进行回收、捐赠还是销售，都需要仔细权衡。除了设备，健身设施本身也需要维护。就室内公共健身设施而言，包括地板、墙壁、洗手间、更衣室、淋浴间、空调和照明系统等，都需要定期进行检查、清洁和修复。某些维护工作可能需要设施短暂地关闭，这可能会对会员和用户造成不便，因此要即时完成维护工作。维护工作的成功与否，很大程度上取决于人力资源的配置。有经验的工程师、技术员、清洁工和管理人员，都是确保设施和设备维护工作顺利完成的关键。他们不仅要具备专业知识和技能，还要具备能与其他团队成员、供应商和用户进行有效沟通的能力。

从财务的角度来看，维护工作也是一个持续的开销。包括设备的更换和修理费用、人工成本、材料成本、外包服务费等。在预算制定时，要确保为维护工作留出足够的资金，并随着时间的推移进行调整。

设施和设备的维护是一个涉及多方面的复杂过程。而成功的维护工作，不仅可以确保设施的功能性和吸引力，还可以增强公众的信任度，从而为健身设施能够长期被使用打下基础。

三、区域问题

构建高质量全民健身公共服务体系的构建，要求人们在更加宽广的区域打造适合公民休闲娱乐的健身场所。但是由于我国地域辽阔，不同区域的人口密度不同，经济发展水平与体育文化也是各有差异。因此，要确保各个地区，尤其是偏远地区的居民都能获得健身公共服务是一项巨大的挑战。

从地理环境来看，我国涵盖了多种自然景观：有广袤的平原，有雄伟的山脉，有繁茂的森林，还有浩渺的沙漠。每种地形都会对健身场所的选址、设计和建设具有特定的要求。这要求我们在健身设施的建设中充分考虑地理因素，同时也需充分利用地区特色，为公众提供独特的健身体验。例如，广袤的平原地区因地势较为开阔和稳定，是建设大型体育场馆和综合性健身中心的理想地点。这里可以方便地建设跑道、球场和室外训练场地。平原的土壤通常更为稳固，能够支撑大型结构的建设，同时也更便于基础设施的铺设，如供水、排水和电力。但平原地区可能也会遭遇洪水等自然灾害，因此，排水系统和地势调整也要考虑在内。又如，浩渺的荒漠地区要着重考虑供水问题。沙漠地区的气候条件可能异常严酷，高温和干燥可能对健身活动产生制约。在这样的环境中，建设健身设施需要考虑如何提供足够的水资源，以及如何为用户提供阴凉而舒适的环境。可持续性和资源管理在此也变得尤为关键，可能需要考虑如何有效收集和利用雨水，如何采用节水技术和设备。

由于经济发展水平的不同，各区域在投资公共健身设施时的预算和资源也是各不相同。繁荣的城市可能有足够的资金来建设高端的运动场所，而经济相对落后的地区可能需要依赖中央政府或外部赞助来满足基本的运动需求。各区域的体育文化和健身习惯也存在明显的差异。在一些地方，居民可能更倾向于集体运动，如足球、篮球等；而在其他地方，个人项目如瑜伽、跑步等运动可能更受欢迎。这要求健身公共服务体系不仅要满足基本的运动需求，还要考虑如何融合和尊重当地的文化传统。大城市和人口密集地区的需求与偏远地区是完全不同的。大城市可能需要更多的室内健身中心来满足大量居民的需求，而偏远地区则可能更看重户外活动场所，如徒步径、骑行道等。偏远地区的居民通常是健身公共服务体系中的边缘群体。他们由于地理、经济、文化等因素的影响，很难获得高质量的健身服务。为了确保这些地区的居民也能获得服务，可能需要政府采取特殊措施，如提供补贴、鼓励企业或非政府组织参与或采取移动式健身服务等。

　　构建高质量全民健身公共服务体系需要对我国各地区的独特情况有深入的了解和尊重。虽然这是一个复杂的任务，但通过精心策划和合作，确保每个公民都能获得健身服务是完全有可能实现的。

四、技术问题

　　构建高质量全民健身公共服务体系需要齐备的体育设施，对于我国的公共建设领域的工作人员来说，多数设备的技术他们已经基本掌握。但是，他们对于少数精密性极高的公共体育设备仍存在一些难以逾越的障碍，这成为阻碍健身公共体育服务体系完善构建的"绊脚石"。

　　对于某些高端设备，其制造、安装和维护所需要的技术是非常专业化的。例如，某些先进的跑道材料、智能化的健身器械，以及一些为残障人士设计的特殊设施等。这些设备往往需要特定的技能、知识和经验进行操作和维护，这也意味着需要经过专门的培训和认证。随着技术的进步，更多的智能化、网络化和自动化元素被引入公共体育设施中。这不仅为用户提供了更为方便和高效的健身体验，同时也为维护人员带来了更大的挑战。维护人员不仅要具备硬件方面的知识，还要具备软件编程、网络维护和数据安全等方面的技能。由于某些高精度体育设备的高成本，为了保证其正常运作和维持其使用寿命，还需要进行定期的检测和校准。这些操作往往需要专门的设备和工具，操作者也要具备专业的操作技巧和经验。

而对于一些特殊的体育项目，如潜水、攀岩、空中体操等，其所需要的设施和器材通常需要满足非常高的安全标准。为了确保参与者的安全，不仅需要有完备的设备，还需要进行严格的检测和认证。同时，对于这些设施的维护和操作，也需要具备专门的技术和经验这些都是我国全民健身公共服务体系构建过程中不小的"难题"，为之带来了一定的挑战，也为我们提供了一个进一步提升和发展的机会。

第二节　构建高质量全民健身公共服务体系的机遇

构建高质量全民健身公共服务体系的机遇如图 11-2 所示。

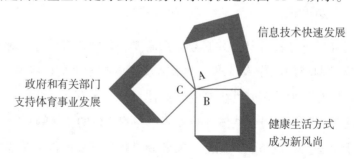

图 11-2　构建高质量全民健身公共服务体系的机遇

一、信息技术快速发展

在当今的数字时代，信息技术的快速发展正在重塑我们生活的各个领域，健身领域也不例外。物联网、人工智能和数据分析在健身领域的应用为公众带来了前所未有的便利和创新体验，成为全民健身公共服务体系的重大时代机遇。具体来说，物联网技术使健身设备和工具之间的连接变得更加紧密。跑步机、动感单车、健身追踪器等健身器械都配备了传感器，可以实时收集用户的健身数据。这不仅限于记录消耗的卡路里、步数或心率，它甚至还可以监测用户的运动姿态、力量输出和肌肉活跃度。这意味着用户可以及时得到关于他们健身效果的反馈，从而及时做出调整。然而，仅仅收集数据是不够的，如何解读和应用这些数据是关键。这就是人工智能和数据分析发挥作用的地方。通过深度学习和复杂的算法，AI 系统可以分析大量的健身数据，找出模式和趋势，然后为用户提供有针对性的建议和指导。例如，AI 可以识别出用户在做深蹲时的不良姿态，然后提示他们如何改正。或者，当系统检测到用户连续几天运动强度都较高时，它还会建议用户休息或进行一些低强度的恢复性锻炼。智能化的健身设备还可以提供个性化的训练计划。基于用户的目标、健康状况和实际的运动表现，系统可以生成适合个体的训练方案。这意味着，无论用户是一个初学者、一个有特定健身目标的进阶者，还是一个高级的运动员，他们都可以获得最适合自己的锻炼建议。增强健身的效果并不仅仅是为了让用户看到自己的进步。通过监测运动效果和及时反馈，可以大大减少因不当训练而导致的受伤风险。例如，系统可能会提示用户，如果他们过于频繁地进行高强度训练而没有足够的恢复时间，那么他们可能面临受伤的风险。

信息技术的快速发展为健身领域带来了革命性的变革。通过利用物联网、人工智能和数据分析等先进技术，我们可以更加科学、有效地进行健身，从而使用户获得更好的效果和体验。

二、健康生活方式成为新风尚

在 21 世纪的快节奏生活中，人们越来越意识到身心健康的重要性。这一转变不仅仅是出于健康的需求，而更多的是因为健康生活方式逐渐成了一种时尚和生活态度，对许多人来说，这代表着一种更加高质量、有意识和平衡的生活方式。在这种趋势的推动下，越来越多的人开始积极参与各种形式的体育锻炼。

跑步、瑜伽、舞蹈、普拉提、健身房锻炼等各种运动形式广受欢迎，健身运动不再是少数人的专利，而是成为许多人日常生活的一部分。从早晨的晨跑到晚上的瑜伽课，从公司的健身房到家庭的健身角落，健身已经成为许多人生活中不可或缺的一部分。而背后的推动力量，除了人们对健康的追求，还有与之相伴的社会文化变革。健康的身体不仅代表着良好的身体状态，还意味着自律、决心和努力，这种品质在当今社会是备受推崇的。在社交媒体上，人们晒出自己的健身成果、分享自己的健康食谱，以此展示自己对生活的热爱和对自己的责任。

这种对健康生活方式的追求也促进了一系列相关产业的发展。健康食品、运动装备、健身应用、健康检测工具等，都在这个大潮中得到了前所未有的发展。随着技术的进步，这些工具和服务为用户提供了更加精准和个性化的健康建议和解决方案。另外，这种健康生活方式的风尚也为公共健身服务创造了巨大的市场需求。城市的公园、绿道、健身路径、体育场馆等场所都成为市民休闲、锻炼的好去处。同时，各种形式的健身课程、马拉松比赛、户外活动等也吸引了大量的参与者，使健身变得更加多元化和充满趣味性。

更值得注意的是，这种对健康生活方式的追求已经渗透到了教育、工作和家庭生活的各个方面。学校开始为学生提供更多的体育课程和锻炼机会；公司设立健身房，为员工提供健康饮食；家庭则注重孩子的饮食均衡和锻炼习惯。

健康生活方式已经成为当代社会的新风尚，它不仅体现了人们对健康的追求，也反映了现代人对生活质量和幸福感的重视。随着社会的进步和文化的发展，这种趋势预计还会继续深化，为公共健身服务提供更大的市场和发展机会。

三、政府和有关部门支持体育事业发展

随着社会对于健康生活方式的逐渐重视，政府对于公共健身服务的投资和支持不断增加。这种增长不仅是出于对国民健康的关心，而且

也是为了响应国际体育发展趋势，为了与其他国家在体育领域中持续竞争。

　　健身设施得到了广泛的关注。公园、体育场馆、健身中心等都在全国各地如雨后春笋般涌现。这些设施不仅仅是用于培训专业运动员，更多的是为了广大市民提供方便的锻炼场所。政府通过为这些设施提供资金，确保每个人，都能享受到高质量的体育设备和专业的指导服务。推广健身活动已经成为政府的另一项重要任务。各种体育大赛、马拉松、健步走比赛等都在吸引着人们参与其中。这些活动不仅能够锻炼身体，还能增强团队精神，培养国家荣誉感。政府通过媒体宣传、教育机构的推广和各种社区活动，让更多的人了解到体育锻炼的重要性，从而鼓励他们参与其中。

　　鼓励更多的人参与体育锻炼不仅仅是为了健康，还有更深远的意义。国家的体育实力代表了一个国家的软实力，有了健全的体育公共服务体系，就可以培养出更多高水平的运动员，从而为国家争光。而对于普通市民而言，参与体育锻炼不仅能增强身体健康，还能够培养团队合作、竞争意识和挑战自我的精神。当然，政府的支持不仅仅体现在资金上，制定有利于体育事业发展的政策、推动体育教育、培训体育教练和裁判等都是政府在这一领域的努力方向。这种全方位、多层次的支持为健身公共服务体系的发展和优化提供了重大机遇。

　　总之，政府和有关部门对体育事业的大力支持是推动国民健康、培养体育人才和增强国家软实力的重要手段。随着社会对于体育的日益重视，相信未来我国的体育事业将会更加繁荣，从而为国家的持续发展做出更大的贡献。

参考文献

[1] 乐之 . 健身 [M]. 北京：中医古籍出版社，2022.

[2] 吴宏江 . 体育与健身 [M]. 长春：吉林人民出版社，2021.

[3] 陆阿明，陆勤芳 . 科学健身——如何选择健身运动项目 [M]. 苏州：苏州大学出版社，2020.

[4] 黄啸 . 基础健身动作指南 [M]. 太原：山西科学技术出版社，2022.

[5] 康姮，高泽谨，练成，等 . 乡村振兴战略下甘肃省平庆地区居民公共健身服务需求满意度调查 [J]. 疾病预防控制通报，2023，38（1）：27-29，38.

[6] 朱元利，赵皎卉，蔡勇 . 智慧健身服务的四元空间模型：内涵特征、理论框架、关键问题与解决策略 [J]. 北京体育大学学报，2022，45（12）：43-55.

[7] 凌舒畅 . "健康中国 2030" 视域下长春市老年人社区公共健身服务体系构建研究 [J]. 体育科技文献通报，2019，27（8）：52-54.

[8] 张辉，管良凯，段廷正，等 . 全民健身公共服务体系构成与标准化分析 [J]. 山东师范大学学报（自然科学版），2019，34（1）：117-119.

[9] 李浩，袁晓玲 . 公共健身服务供给、生态环境质量对城市居民健身行为影响的实证分析——基于 CFPS 数据 [J]. 天津体育学院学报，2017，32（4）：332-337.

[10] 陈文倩 . 北京市大型公共体育场馆全民健身服务供给研究 [J]. 运动，

2019（2）：132-133，76.

[11] 黄义军，翟东波.全民健身公共服务体系研究现状及发展策略 [J].西安体育学院学报，2017，34（2）：189-194，256.

[12] 母毅刚.新农村建设背景下农村公共健身服务设施发展的研究 [J].农业经济，2016（8）：53-55.

[13] 梁春艳，许瑞星.智能互联网背景下实施全民健身服务的核心与重点内容分析 [J].文体用品与科技，2023（13）：180-182.

[14] 刘永强.我国社区老年健身服务标准化建设研究 [J].四川体育科学，2023，42（1）：105-109.

[15] 王桢栋，黄唐子，蒋妤婷，等.城市综合体创新拓展全民健身公共服务研究 [J].建筑技艺，2022，28（10）：10-17.

[16] 吴林.我国全民健身公共服务体系运行机制与绩效评价 [J].黑河学院学报，2022，13（1）：60-61，66.

[17] 向艳梅，周结友，陈亮，等.全民健身公共服务体系研究：成果、特点与展望 [J].浙江体育科学，2021，43（5）：12-18.

[18] 张伟.全民健身公共服务满意度测评与对策研究 [J].武汉体育学院学报，2011，45（3）：22-26.

[19] 徐圣霞，何忠，赵克宁.构建多元化全民健身服务体系的理论研究 [J].襄樊学院学报，2009，30（5）：61-64.

[20] 罗旭.我国全民健身服务体系的理论与实证研究 [J].体育科学，2008（8）：81-96.

[21] 张曙林.天津社区科学健身服务体系构建与价值研究 [J].科技智囊，2021（4）：65-70.

[22] 肖伟，田媛，马永明.新时代我国全民健身服务国民健康的意义、困境与策略 [J].河北体育学院学报，2021，35（2）：32-37.

[23] 于然.我国全民健身服务体系的构建策略 [J].文体用品与科技，2020（13）：19-20.

[24] 周道平，何剑.湘西州大众健身服务平台构建现状与服务成效研究 [J].
体育科技，2019，40（6）：57-58.

[25] 侯颖慧.对安徽省全民健身服务体系现状调查与对策的分析 [J].佳木斯
职业学院学报，2019（11）：276，278.

[26] 李维.影响公共体育服务需求的因子分析 [J].现代职业教育，2019（11）：
76-77.

[27] 刘林星.黄河三角洲全民健身公共服务可持续发展体系建设路径研究 [J].
四川体育科学，2018，37（6）：16-19，33.

[28] 丁亚兰."健康中国"视域下我国公共体育服务创新发展研究 [J].安徽
师范大学学报（自然科学版），2018，41（1）：85-89.

[29] 曾永忠，余卫平.完善深圳市全民健身服务体系的调查 [J].深圳职业技
术学院学报，2017，16（2）：47-52.

[30] 刘娜.省域公共体育服务核心竞争力比较研究 [J].淮北师范大学学报（自
然科学版），2020，41（3）：52-60.

[31] 夏花.我国民办高校公共体育俱乐部教学模式的困境及对策——以江西
应用科技学院为例 [J].当代体育科技，2019，9（29）：106-108.

[32] 高建新，王青，舒渊.拓展训练在高校公共体育课中的实验研究——以
江西师范高等专科学校为例 [J].文体用品与科技，2019（15）：150-151.

[33] 张晓春.农村体育公共产品供给碎片化及整体性治理研究——以江西为
例 [J].当代体育科技，2017，7（21）：143-145.

[34] 王建平.高校开设公共体育理论课的必要性剖析——以江西财经大学为
例 [J].搏击（体育论坛），2012，4（12）：6-7.

[35] 乔慧贞.政府购买体育设施服务的定价补贴研究 [D].上海：上海体育学院，
2021.

[36] 田凤琴.基于顾客满意度理论的全民健身公共服务满意度研究 [D].广州：
广州体育学院，2021.

[37] 朱启墨.国际大众健身服务趋势与我国中部地区全民健身供需现状的对

策研究 [D]. 南昌：江西师范大学，2021.

[38] 徐力达. 智慧城市视野下云南省全民健身服务人力资源平台的开发与设计研究 [D]. 昆明：云南大学，2021.

[39] 高静. 县域全民健身服务居民获得感的测度、影响因素及优化路径研究 [D]. 苏州：苏州大学，2021.

[40] 魏东杰.《欧盟体育活动指导纲要》对浙江省构建现代化公民健身服务体系的启示 [D]. 杭州：杭州师范大学，2020.

[41] 巩娅兰. 贫困地区青少年健身服务供给研究 [D]. 武汉：武汉体育学院，2019.

[42] 李斌. 湘西易地扶贫搬迁新社区传统体育传承及健身服务体系建设扶持研究 [D]. 吉首：吉首大学，2018.

[43] 孙海洋. 全民健身视域下残疾人体育健身服务运行机制的研究 [D]. 牡丹江：牡丹江师范学院，2017.

[44] 白金凤. 北京市社区妇女科学健身服务的需求与供给研究 [D]. 北京：北京体育大学，2017.

[45] 邓先紫. 多中心治理视角下武汉市全民健身服务体系的实证研究 [D]. 武汉：华中科技大学，2017.

[46] 邢行. 全民健身服务体系构建状况的调查与分析 [D]. 长春：吉林体育学院，2016.

[47] 王涛. 陕西省智慧社区健身中心发展路径研究 [D]. 西安：西安体育学院，2023.

[48] 郭迎清. 我国大学生智慧健身生态系统构建及运行机制研究 [D]. 济南：山东大学，2023.

[49] 马静纯. 积极老龄化目标下南京市社区老年体育健身服务研究 [D]. 南京：南京体育学院，2022.

[50] 王健. 大数据助力江苏智慧体育公园全民健身服务高质量发展研究 [D]. 南京：南京体育学院，2022.

[51] 王月娜.体养结合背景下唐山市养老机构健身服务内容组成现状及对策研究 [D].哈尔滨：哈尔滨体育学院，2022.

[52] 宋伟嘉."大健康"理念下兰州市城市社区全民健身公共服务体系构建研究 [D].兰州：兰州理工大学，2022.

[53] 李刚.老年顾客参与运动健康服务的价值共创路径研究 [D].上海：上海体育学院，2021.

[54] 余明岩.陕西石泉县敬老院老年体育健身需求与服务供给研究 [D].昆明：云南师范大学，2021.

[55] 谢纳.德阳市新农村公共健身服务体系优化研究 [D].成都：成都体育学院，2015.

[56] 王蕾.陕西省全民健身服务体系的构建与完善研究 [D].西安：西北大学，2012.

[57] 戴萌.新公共管理视角下武汉城市圈全民健身服务体系现状与对策研究 [D].武汉：武汉体育学院，2011.

[58] 罗旭.我国全民健身服务体系的理论构建与运行机制研究 [D].北京：北京体育大学，2006.

[59] 张诚浩.西安市全民健身公共服务满意度研究 [D].西安：长安大学，2020.

[60] 王雪鑫.石家庄市全民健身公共服务体系示范区建设研究 [D].石家庄：河北师范大学，2020.

[61] 徐杰杰.面向智慧健康的公共图书馆跨界合作服务研究 [D].重庆：西南大学，2020.

[62] 王雅雯.智慧城市建设中天津市全民健身服务信息化的研究 [D].天津：天津体育学院，2020.

[63] 叶晟豪.健康中国视域下上海市全民健身公共服务供需匹配研究 [D].上海：上海工程技术大学，2020.

[64] 王冬冬.农村社区体育公共服务供给有效性评价指标体系的构建 [D].济

宁：曲阜师范大学，2019.

[65] 闫思宇. 沈阳市全民健身中心公共体育服务供给侧优化策略研究 [D]. 沈阳：沈阳师范大学，2019.

[66] 肖婷. 高校体育院系开展科学健身指导服务的校企结合模式研究 [D]. 南昌：华东交通大学，2018.

[67] 高林溪. 山东省全民健身宣讲团培训基地运行模式创新研究 [D]. 济南：山东大学，2017.

[68] 张裕. 我国医疗保险账户（医保卡）支付健身服务现状及发展对策研究 [D]. 开封：河南大学，2017.

[69] 金帅. 新乡市城市社区全民健身公共服务体系建设现状与发展对策研究 [D]. 开封：河南大学，2017.

[70] 傅锦文. 教育生态学视角下江西省普通高校公共体育教育研究 [D]. 景德镇：景德镇陶瓷大学，2023.

[71] 周玉发. 江西高校公共体育课开展体育美育的现状及发展对策研究 [D]. 景德镇：景德镇陶瓷大学，2022.

[72] 李鑫尧. 江西省全民健身运动会演进历程研究 [D]. 南昌：华东交通大学，2021.

[73] 朱启墨. 国际大众健身服务趋势与我国中部地区全民健身供需现状的对策研究 [D]. 南昌：江西师范大学，2021.

[74] 刘熙. 基于 DEA-Tobit 模型的我国公共体育服务效率评价 [D]. 南宁：广西大学，2020.

[75] 杨介祥. 高校公共体育散打选修课教学评价模式构建策略研究 [D]. 南昌：江西师范大学，2019.

[76] 朱焱. 中国区域公共体育资源配置水平评价与策略改进研究 [D]. 大连：大连理工大学，2019.

[77] 仇泽国. 江西省农村公共体育服务现状及评价体系构建研究 [D]. 南昌：江西财经大学，2019.

[78] 邱鹏.我国公共体育服务财政投入研究 [D].苏州：苏州大学，2019.

[79] 李蒙蒙.南昌市普通高校公共体育瑜伽课开展现状与对策研究[D].南昌: 南昌大学，2018.

[80] 陈锐.民国时期公共体育场研究 [D].福州：福建师范大学，2017.

[81] 张丽.江西省政府购买公共体育服务试点改革研究 [D].南昌：江西师范 大学，2016.

[82] 陈英英.江西省公共体育服务绩效评价研究 [D].南昌：江西师范大学， 2016.